中国古瓷鉴定笔记

黑釉篇

HEIYOUPIAN

姚江波／著

江西美术出版社
全国百佳出版单位

广西高校人文社会科学重点研究基地——西江流域民间文献研究中心资助项目

图书在版编目（CIP）数据

中国古瓷鉴定笔记·黑釉篇 / 姚江波著. —南昌：江西美术出版社, 2019.1
ISBN 978-7-5480-6253-0

Ⅰ. ①中… Ⅱ. ①姚… Ⅲ. ①黑瓷(考古)–鉴定–中国 Ⅳ. ①K876.34

中国版本图书馆CIP数据核字(2018)第182050号

出 品 人：周建森
责任编辑：王洪波　窦明月　滕斯钰
责任印制：谭　勋
装帧设计：梅家强　先鋒設計

书　　名：中国古瓷鉴定笔记·黑釉篇
著　　者：姚江波
出　　版：江西美术出版社
社　　址：南昌市子安路66号　邮编：330025
电　　话：0791-86565819
网　　址：www.jxfinearts.com
经　　销：新华书店
印　　刷：浙江海虹彩色印务有限公司
版　　次：2019年1月第1版
印　　次：2019年1月第1次印刷
开　　本：787 × 1092　1/16
印　　张：12.5
书　　号：ISBN 978-7-5480-6253-0
定　　价：68.00元

目录

Contents

本书使用方法

本书以直述鉴定要点为主，文字简练，兼顾学术性、常识性、趣味性，过于专业、不可操作、与收藏者无关的内容已回避，读熟之后，可与您收藏的彩釉瓷器进行对比：如，对应珍珠地在色彩上的异同，以及划花的装饰手法，看您的宝贝是否属于精致瓷器的范畴；观察纹饰的题材，以准确判定时代。对比彩釉瓷器的造型，着重看各个章节中有关彩釉器皿在造型上的实例，其造型多被限定在一定的范围之内，如瓶和枕等多见，之后再从细部入手，如对口部、唇部、沿部、腹部、底部、足部等特征，进行详细的解析，以从造型上达到鉴赏的目的。像这样的例子在本书中枚不胜举，纹饰、釉色、尺寸、化妆土、完残、窑口、原料、淘洗、粗细程度、杂质、夹砂胎等鉴定要点，交相辉映，互为依托，最终实现了诸多鉴定要点相互验证的目的。

另外本书具有以下三个特点：

一、本书的编写原则是：具体而细微地指导收藏爱好者由一件瓷器的细部（釉色、流釉、均匀、稀稠等）去鉴别古瓷器之真假、评估古瓷器之价值，力求做到使藏友读后由外行变成内行。

强调：实战性　指导性　工具性　学术性

体现：实用价值

二、本书从文物鉴定的角度出发，以科学考古发掘所出土的器物为依据，力求每一句话都以出土器物为佐证，将文物置于时代和社会历史大背景下来考虑，以确保本书的科学性、严谨性和可读性。

三、本书的写法分三步走：

①断定时代

②辨别真伪

③评判价值

这是收藏的三要素，缺一不可，整本书以此为线索，贯穿于每个章节，如，将价值划分为研究价值、艺术价值、经济价值，并详细介绍这三种价值之间的辨证关系，使读者真正领悟收藏，从收藏中受益。

本书的主要目的，是要通过瓷器釉质主要特征看到瓷器的全貌，从而使收藏者真正得到帮助。功能十分具体，收藏者在逛市场和到拍卖行时可以拿此书对比，这是新手和资深鉴赏家都很需要购买的书。（书中多数珍品为首次发表）

前言

QIANYAN

黑瓷与青瓷是一对孪生兄弟，在东汉晚期青瓷烧造成功之后，黑瓷也得以产生，黑瓷一直作为青瓷的副产品存在，发展速度比青瓷要慢，直到六朝时期德清窑的兴起才改变了这一现象。德清窑是一个以黑瓷烧造为主的窑场，烧制出了精美绝伦的黑釉瓷器，部分瓷器可以用“黑如漆”来形容。德清瓷在今天浙江省德清县境内，在德清、余杭县等地都发现了诸多窑址。德清瓷之所以以生产黑瓷为主，显然是六朝南方瓷器在激烈竞争中所必须要接受的现实，原因是德清窑如果主产青瓷肯定无法与老牌的越窑、婺州等窑场竞争。实际上德清窑也生产青瓷，但效果看起来很不好，所以只有生产黑瓷等廉价瓷品来谋生。从实物上看，德清窑以黑瓷碗的数量为最多，六朝时期除了德清窑黑瓷以外，其他诸多窑场所烧造的黑瓷质量皆较为粗糙。不过从墓葬发掘的情况来看，至迟在北齐时期成熟意义上的黑瓷就已经烧造成功。隋唐五代时期黑釉瓷器在釉色上已经较为纯正，多数瓷器达到了“黑如漆”的效果，不过传统观念的影响依然如枷锁一般制约着黑釉瓷器的发展；南方地区由于所有瓷器品种和窑口都处在越窑青瓷的成功和过于发达的阴影之下，人们始终认为黑瓷只是青瓷附产品的观念浓郁，而北方地区的人们则没有这种观念，或者说认为黑瓷是青瓷副产品的概念比较弱，人们认为不管是黑瓷还是青瓷器都是瓷器的一种，黑瓷器使用起来同样好使，所以在北朝地区人们除了使用青瓷器外还大量地使用白瓷和黑瓷制品，这导致了大多数唐代黑瓷窑场转移到了北方；所烧造的器皿以罐、缸、坛、瓶、钵、砚台等为主且多见，也有碗盘等餐具。在色彩上，纯正的黑色和衍生色彩黑褐、酱黑等都有见。目前已发现鹤壁窑、巩县窑、郏县窑、密县窑、安阳窑等诸多窑场都兼烧黑瓷，这说明黑瓷和青瓷、白瓷等一样成为这些窑口烧造瓷器的一个品类，特别是连著名的巩县窑都烧造黑瓷，所烧造黑瓷内外施釉，异常精致，这说明黑瓷为副产品的观念在隋唐五代时期的北方地区已经不复存在。宋元黑瓷继续发展，釉色达到鼎盛，不仅仅是“黑如漆”，还衍生出了许多如黑褐色、酱黑色、酱黑、兔毫、油滴天目、木叶贴花等品种釉瓷器，具有相当成就。总之，黑瓷在宋元时期得到了极大的升华，真正实现了以釉质取胜，而不是以其他如纹饰等，黑瓷上有纹饰的情况很少见。明清时期传统黑瓷由于受到青花瓷的冲击，逐渐退出主流消费市场，但明清时期的黑瓷窑火并未熄灭，在民间还有使用，在色彩上较为纯正，但同时保留了诸多衍生色彩，如纯黑、黑褐、酱黑等。

黑瓷在漫长的古瓷器烧造史中产生了众多的器型,尝试了不同的烧造方法,黑釉瓷器的精品虽然没有青瓷、白瓷、青花瓷那么多，但精品力作也是不断涌现，影响十分深远；加之黑瓷在历史上是人们生活当中最常见的日常生活用具，存世量极大，它们不但承载着众多的历史信息，还被历代收藏者所追捧。历代黑釉瓷器的仿品都比较少见，原因很简单，就是黑釉瓷器的利润比较低，达不到暴利的程度，所以黑釉瓷器故伪的情况很少；但近年来，特别是 20 世纪 80 年代之后，由于收藏热的兴起，故伪的黑瓷也逐渐多起来，黑瓷伪器已不再是新鲜事,大量的伪器充斥着市场，不过高仿器并不多见，但也搅动得市场上是真伪难辨。

本书拟从器物学的研究方法入手，力求将错综复杂的问题简单化，直述鉴定要点，以釉质、窑口、胎质、纹饰以及口部、唇部、肩部、腹部、底部、足部等诸多要素为切入点，来对文物进行鉴定，力求能够通俗易懂，使读者看后能够断时代、辨真伪、评价值。以上是本书所要坚持的，但一种信念再强烈，也不免会有缺陷，不妥之处，希望大家给予无私的批评和帮助。

上篇

黑瓷

第一章 综述

数量

黑瓷是中国古代最主要的日用瓷（图1-1），墓葬和遗址内大量有见，从件数特征上看，墓葬出土多为1到数件，偶见有规模出土的情况，遗址出土数量较多。以窑址和城址为主，窑址出土少则几百、多则数千件，城址内出土黑瓷数量更为密集，与青瓷、钧瓷、黑瓷等诸多瓷器品种交错出土，总量比较大，往往数以万计。由此可见，黑瓷在总量上规模庞大。从窑口上看，以德清窑黑瓷为主，以及受到德清窑影响的黑瓷器皿在历史上最为常见。从时代上看，中国古代黑瓷没有过于规律性的特征，由于是人们日常生活当中的用具，东汉六朝、唐宋、元明清时期都很常见，并在数量上保持着稳定的状态。鉴定时应注意分辨。

▲图1-1　黑瓷罐　宋代　林业

品相

黑瓷由于距离今天较为久远，从东汉六朝到今天都有生产，黑瓷在品相上表现出来的是参差不齐，遗存到今天的黑瓷既有完好无损、精美绝伦之器，更有残缺不全、损失严重者；但无论怎样，当这些黑瓷经历了漫长的岁月长河流传到今天，它所带给我们的只有感动，因此无论品相是优还是劣的黑瓷都是值得我们收藏的。从数量上看，精致瓷器多以墓葬出土为主（图 1-2），一般情况下东汉六朝时期人们都愿意将一些比较精致的黑瓷下葬，因为当时厚葬之风正盛；唐宋时期也是这样，用于下葬的器皿在质量上都比较优，并且多是一些当时实用的器皿，而不是专有下葬明器。那么墓葬在未经过扰乱的情况下，墓穴保存完好，黑釉瓷器的保存自然也都是比较完好，但也有磕碰的情况，如口磕、足磕等也都比较明显，但这些磕碰一般情况下都是老茬，新的茬口很少见。老茬和新茬，在收藏拍卖市场上有着很大区别。老茬的瓷器人们对它更多的是原谅，

▲图 1-2　品相较好的黑褐釉瓷瓶　金代

在价格等各方面不会受到太大的影响，而新茬的瓷器就是一种残缺，人们对它的态度非常苛刻。古玩界有一句行话“瓷器发毛分文不值”，由此可见，人们对于黑釉瓷器的品相同样是十分重视的。从数量上看，品相完好的精致瓷器与整个黑釉瓷器的总量相比，数量是非常少的。可以做这样一个比较，比如说有 100 件黑釉瓷器，可能只有 1 件是品

相完好的，由此可见，品相好的黑釉瓷器在数量上非常少。大多数瓷器主要以残缺的瓷器为主，只是残缺程度不同而已，残缺的瓷器在墓葬和遗址中都有出土，但是主要以遗址出土为显著特征，比如说窑址出土数量就比较多，有的窑址可以看到成千上万的黑瓷标本，但大多数都是一些文明的碎片。城址更是这样，完整者、品相优者为极少数（图 1–3）。鉴于此，根据“物以稀为贵”的价值规律，对于黑釉瓷器的收藏应该以品相好的精品瓷器为主，其具有很高的保值和升值的潜力，可以说只要是品相好者都具有非常大的收藏价值；相反，品相有问题的器皿价值则是大打折扣。随着人们审美观念的改变，以及黑瓷所拥有的研究、艺术价值的客观存在，品相劣或残次品的经济价值逐渐被人们认可。从目前来看拍卖市场上还相当少见，多数是在古玩市场上有一些交易，相信以后随着时代的发展，以及研究和艺术价值的不断发现，品相略有问题的黑瓷应该也会受到人们的重视，变得越来越具有收藏价值。

▲图 1–3 品相较好的黑瓷瓶 明代

胎色

黑瓷在胎体色彩上是异常的复杂，主要表现在两个方面：一是胎色众多，二是衍生性色彩丰富。常见的胎色主要有白胎、橙色胎、褐胎、黄胎、红胎、灰胎等，这些色彩都是一些基本色彩，在这些色彩之下还会衍生出众多的衍生性色彩，如白胎的衍生色彩常见的就有白胎泛黄、白胎泛灰、白褐胎等；橙色胎可以衍生称橙红胎、橙红胎等；黄胎会衍生出黄褐胎、黄白胎等；灰胎衍生色彩主要有青灰胎、浅灰胎等，由此可见其胎色之繁缛。整个中国古代黑瓷胎色就是由这些基本的胎色和衍生色彩共同组成，可谓是巍巍壮观。胎色在鉴定上的作用不言而喻，反映的是胎质的优劣，通常情况下黑瓷在胎色上显然不如青瓷纯正，这与其选料和淘洗等诸多工序有关系。另外，从精致程度上看也是这样，发掘出土的器物在横截面上看，胎色纯正的黑瓷多为精致瓷器，而胎色衍生性比较强、杂色较多者多为白胎泛黄、灰白胎、白褐胎、黄白胎、土黄胎等色彩(图1-4)，显然这些胎色较为粗糙，如土黄的胎色多数与非高岭土烧造有关，非常的粗糙，胎色基本上成为了黑瓷精致程度的风向标。从时代上看，不同历史时期的黑瓷在胎色上各不相同，如唐代虽然有各种各样的胎色，但主要以黄白胎，或者是与黄白胎接近的一些胎色为显著特征，宋代基本上延续唐代，明清时期胎色依然是延续传统，而且在橙、黄等色上比例居高不下，说明黑瓷在胎色上显然是向着高岭土青、灰、白等非主流的趋势发展，这实际上不是很正常的现象。但黑瓷由于在生活当中是作为一些极为普通的日用品，所以黑瓷在胎色上这些复杂的特征也变得常态化。从窑口上看，黑釉瓷器从最早的德清窑开始，胎色基本上多元化的趋势就出现

▲图 1-4 灰白胎黑瓷瓶 宋代

了，而且比较严重，但是在六朝基本上还是以黑、灰、青等色为主。唐宋时期橙、黄、黄白等色有所上升，明清时期进一步发展，这样看实际上黑瓷在窑口上的特征并不是很复杂，无太大规律可言，基本上与其时代特征一致。另外，东汉六朝时期在窑口上德清窑比较明显，然而到了隋唐五代，包括宋元时期黑瓷窑口变得不是那么明显，除了建窑和吉州窑主烧黑瓷外，其他的窑口基本上以兼烧为主，可以说是在众多窑口之上都有烧造，特征也变得窑口性不是那么明显。建窑和吉州窑在黑瓷的烧造上主要是以窑变釉为主，如以兔毫釉、木叶贴花等釉色为烧造重点，而并不是胎色。这些时代和窑口上纷繁复杂的特征（图 1–5），客观上已经成为重要的依据，可以用来断定时代、辨别真伪、评判价值。本书将专门用一个小节来对黑瓷胎色特征进行阐述，以帮助读者打开胎色鉴定的法门。

▲图 1–5　灰胎黑瓷灯　明代

窑口

黑瓷在窑口上具有鲜明的特征。东汉晚期创烧成功，但在当时并没有形成专一烧制黑瓷的窑场，主要是作为青瓷的副产品存在，销售给一些比较穷的人，直到六朝时期才出现了著名的德清窑。东汉晚期德清窑是在众多烧造青瓷窑场的夹缝中生存，被迫选择了黑瓷为其主打产品，在烧造上非常成功，色彩纯黑，精品力作频出，不过更多的是烧造了大量的黑瓷生活用品。德清窑黑瓷在六朝时期更为繁荣，器物造型十分丰富，常见的造型主要有碗、盘、碟、盆、盏、灯、砚、壶等。三国、西晋、东晋及南朝也非常兴盛，有许多器物造型都达到了俱佳的状态，反映了当时人们在生活中的点点滴滴，如黑瓷砚在三国时期就有出现，在西晋、东晋时期也是这样，基本上没有太大的变化，只是南朝砚在造型上略有变化，但这种变化是微弱的，从本质上并未突破德清窑瓷砚在造型上的传统，这说明德清窑是一个极为讲究传承的窑场，在造型、釉色等诸多方面都是传承有序，而德清窑由于生产的黑釉瓷器是人们日常生活中的用品，即使德清窑烧造的黑瓷达到了较高水平，但由于受到传统观念的影响，人们还是对其怀有偏见，认为黑瓷不如青瓷好，所以德清窑虽然进行了诸多创新，包括也延续了相当多青瓷的传统，但是德清窑黑瓷最终还是没有像宋代定窑、耀州窑、磁州窑那样形成巨大瓷窑系统，主要是以自身烧造为主。虽然德清窑的影响非常大，但德清窑的产品十分有限。隋唐五代时期烧造黑瓷的窑场逐渐分散开来，有很多窑场、特别是北方地区的窑场都在烧造黑瓷，不过不是像德清窑一样专一烧造黑瓷，而多是搭烧（图 1–6），只有少数窑场例外，如

▲图 1–6　纯黑釉色黑瓷瓶　五代

▲图 1-7　建窑兔毫釉盏　宋代

宋代建窑和吉州窑主要烧造黑瓷，以及定窑等都烧造出了精美绝伦的茶盏，在当时出现了一股以烧造绮丽效果为显著特征的茶盏风尚，都是一些斗茶用具，包括兔毫釉、木叶贴花、剪纸贴花等（图 1-7）。在宋代有些窑口生产的黑瓷量比较大，但这些窑口都是一些民窑性质浓郁的窑场，比如说磁州窑产量就比较大，质量也好，不过显然磁州窑黑釉瓷器也并未有太多的创新，从而未形成窑系。明清时期烧造黑釉瓷器的窑场实际上还是受到德清窑包括唐宋时期黑釉瓷器风格的影响，生产了大量的黑釉瓷器，但是在明清时期黑釉瓷器逐渐被边缘化，原因很简单，青花瓷的兴起将传统的青、黑、白等主流瓷器排挤出了主流市场。总之，中国古代黑釉瓷器在窑口特征上较为黯淡，除了德清窑以外，我们甚至不能说出一个以烧造日用瓷为主的黑瓷窑场，这一点我们在鉴定时应注意分辨。

功能

黑釉瓷器在功能上十分明确，主要以实用为主（图1-8），这一点是显而易见的，但是陈设、装饰的功能有时候也居于重要地位，这与黑釉瓷器主要作为人们日常生活之用有着密切关系。正是因为黑釉瓷器有着辅助人们生活的功能，如餐具等用于盛储器的一些功能，有的黑瓷在器形上还比较大，如腌制咸菜的罐、盛放粮食的瓮等也正是由于功能的普通，决定了黑釉瓷器在造型上的简洁性，装饰性的功能并不是很强，在纹饰上黑色可以说是最不利于装饰的色彩，所以说黑瓷之上有纹饰的情况比较少见。由此可见，黑釉瓷器在日常生活中的功能十分有限，但是由于其成本

▲图1-8　融合实用与装饰功能的黑瓷灯　明代

的低廉性，黑釉瓷器的产量比较大，在这一过程当中出现了很少量的一些以装饰为先导的黑釉瓷器，如德清窑中的许多黑瓷造型隽永，雕刻凝硕，使人一看就喜欢，那么这样的瓷器如果仅仅是为了实用，显然不需要如此精工细琢。另外，宋代建窑和吉州窑生产的一系列黑釉瓷器在造型、釉色等诸多方面都做了很大的改变，如兔毫盏在造型上犹如斗笠形（图 1-9），再加上大的撇口，运用撇、弧、溜等造型技法，加上兔毫釉的窑变效果，以及对视觉所造成的冲击力，使黑釉瓷器在功能上以装饰为先导，兼具实用功能。但是建窑黑釉茶盏在数量上毕竟很少，在整个黑瓷中所占比例也很小，如果与总量相比较几乎可以忽略不计，大量的黑釉瓷器还都是一些以实用为显著特征的实用器，陈设、装饰、把玩为主的功能也有，可以说是偶见。黑瓷在功能上的特征并非一成不变，不同时代、不同窑口的黑釉瓷器在功能上特征不同，不过本质特征并没有超越实用器的范畴。本书试析了不同条件下黑瓷的功能，希望对读者有所帮助。

▲图 1-9　实用与装饰功能结合的黑定茶盏　宋代

收藏保养

黑釉瓷器的收藏保养也是一个沉重的话题，有的时候人们会认为黑釉瓷器可能比青花瓷、白瓷等一些名贵的瓷器较容易保存（图 1-10），但实际上这一观点是错误的。黑釉瓷器由于是人们生活中的实用器，本身在日常生活当中就很容易受到口磕、足磕、腹部有磕碰、有划痕等各种各样的损伤，能够流传到今天实属不易，因此我们对于黑瓷的保养应该与青花瓷等名贵的瓷器是一个态度，使这些历经了千年之久的黑釉瓷器到了今天能够历久如新（图 1-11）。如何解决黑釉瓷器的保养问题，本书总结了现行博物馆条例中的一些内容，同收藏爱好者常遇到的保存环境结合起来，认为有四点十分必要：

▲图 1-10　较精致黑瓷瓶　宋代

1. 防止磕碰
2. 减少移动
3. 注意清洗
4. 掌握温湿度

以上四点，在正文中我们会对其进行详细的论述，不过保养是一个相当复杂和科学的过程，有许多工作需要做，并不是这四点就可以解决所有问题，不过以上四点是基础，是收藏者必须做到的，不然黑釉瓷器很有可能轻易地就会受到损害。由于本书所论述的问题极为现实，就是要让一个不懂得任何保养知识的收藏者，在没有现代化保养条件下能度过保养第一关，这是本书讨论的问题，一些过于深邃、还处于研究阶段或有争论的方法，本书在这里暂不涉及。总之，通过我们的努力使这些精美绝伦的黑釉瓷器不受到损害，这是我们每一个人的期盼。

▲图 1-11　漆黑发亮黑瓷双系罐　宋代

第二章 完残

完好

中国古代黑瓷中完好的器皿有见，但数量不是很多，墓葬和遗址当中都有见，墓葬出土多为1到2件，遗址出土数量更少，如窑址内出土完整器的可能性极小，因为窑址上的瓷器多为烧窑时烧坏的瓷器，在当时就被砸碎的瓷器，因此我们在窑址上发现的完整器皿少到了极点，所以说窑址上的瓷器多数为残缺的器皿。一些城址当中的完整器数量更少，这主要是因为完整器皿在历代城址地层被扰乱的情况下基本上都碎掉了，但也不否认有个别小件的器皿在夹缝中被完好地保存了下来，但是这种可能性极小（图2-1），因此中国古代黑瓷的完整器皿非常少。从时代上看，东汉六朝时期的黑瓷保留至现在的情况很少见，主要以墓葬为主；隋唐五代和宋元时期的瓷器基本上也是这样；明清时期的黑瓷传世品有见，完整器皿有一些，但在总量上很少。由此可见，中国古代黑瓷完好无损的黑釉瓷器在数量上非常少，显然不占主流地位。

▲图 2-1　完好无损的黑瓷瓶　宋代

残缺

中国古代瓷器残缺的概念比较容易理解，就是瓷器既有残又有缺的情况，残者如破碎，缺的情况如缺的某一块找不到了。残缺的瓷器从程度上主要分为轻微残缺和严重残缺。下面我们具体来看一下：

（1）轻微残缺。轻微残缺的黑瓷比较常见（图 2–2），一般情况下轻微残缺多是一些墓葬和窑址内出土的器物。轻微残缺的情况实际上是比较少见的，如口部有残缺、足部有一些残缺、腹部有摩擦痕迹等，都属于轻微残缺的范畴。从数量上看，中国古代黑瓷轻微残缺的情况比较常见，窑口之上轻微残缺的情况也有见，不过这种情况比墓葬要略微严重一些，如有的瓷器口部可能缺少了三分之一，这样的残缺从整个黑瓷器残缺的情况来看也应该属于轻微残缺。从数量上看，轻微残缺的情况实际上还是比较常见的，在数量上要远远大于完好无损的器皿。从时代上看，轻微残缺的黑瓷在东汉六朝时期比较少见，以唐宋时期为最常见，明清时期也有见，但数量并不是太多，其他并无过于复杂

▲图 2–2　轻微残缺略有口磕的黑瓷瓶　明代

性的特征。从窑口上看，轻微残缺的瓷器与黑瓷的窑口关系并不密切，早期窑场中的德清窑轻微残缺的器皿比较少见，多数器皿残缺的情况是比较严重的，如唐宋时期诸多兼烧黑瓷的窑口所烧造的瓷器，轻微残缺的情况都十分常见。鉴定时应注意分辨。

（2）严重残缺。中国古代黑瓷严重残缺的情况比较多，一般情况下以遗址出土为显著特征，特别是以城址出土为主，在一些大的城址内出土成千上万的黑瓷，多数瓷器仅剩下片状，这样的瓷器显然属于严重残缺的情况。从残缺的程度上看，最小的只有指甲盖那么大，稍微大一些的有手掌那么大，再大一些的可能留有口沿的残部，或者是底足的一部分、腹部的一部分等。从数量上看，严重残缺的黑瓷几乎占到了中国黑瓷的大部（图 2-3）。黑瓷在经历数千年之后完整器皿真的是太少了，但即使严重残缺的器皿我们也应该很好地保护它，因为这些严重残缺的黑瓷很容易从我们的视线当中永远消失。从时代和窑口上看，严重残缺的黑瓷在时代和窑口上并无过于复杂性的特征，从比例关系上看基本上呈现出的是均衡发展的趋势，就不再赘述。

▲图 2-3　严重残缺的黑瓷标本　宋代

复原

中国古代黑瓷器当中有许多瓷器残缺的情况比较特殊，如一个黑瓷碗轻微残缺的情况，多数碗是完整的，就是缺少一块或者一部分，这样的瓷器有口沿、有腹、有底足，我们就完全可以将其复原。还有一种就是严重残缺的情况，残缺得比较严重，但严重残缺也有一些是有口沿、有底足连接的残片，这样的标本，如一个黑瓷碗利用对称的原理完全可以复原其造型，但所谓能够复原的器皿从本质上讲都是有残缺的器皿，通常在复原的方法上主要有两种：自然复原和模具复原。

自然复原是指仅仅是有残，但没有缺失的器皿，这种器皿比较常见，如墓葬当中由于受到压迫碎成数百片，这样的器皿只要是在墓葬未经扰乱的情况下，经过我们的拼接完全可以将其造型复原，这种复原我们称之为自然复原。模具复原是指必须借助模具才能复原的情况，一般情况下如黑瓷碗，指的就是有口、有底足的情况，通过对一个片状标本的无限打模就可以复原造型，从理论上讲这样得复原应该是科学的（图 2-4）。从数量上来看，自然复原的黑瓷非常少，而需要模具复原的黑瓷比较多。由于偶见性比较强，所以自然复原的器皿从时代上看没有过于规律性的特征。由此可见，可复原器显然是中国古代黑瓷的重要组成部分，具有非常重要的研究价值，可以说我们现在能看到造型的黑釉瓷器的完整器大多都是经过复原的器皿，同时它也是今后收藏市场上的主流。一件黑釉瓷器残缺掉了如果我们能够将其复原，从商业修复的角度来看，也可以将其做旧，这样的话也就可以恢复一件瓷器当初的模样，瓷器必定会有很高的经济价值，同时也会有一定的保值和升值功能。不过我们要注意一点，就是这样的器皿经常被一些做伪者利用，就是不告知人们这是一件经过修复的器皿，而是直接拿出来以次充好，牟取暴利，由于器物的一部分是真的，所以很具欺骗

▲图 2-4　严重残缺的黑瓷标本　宋代

性，难以辨认，但只要我们仔细观察黑瓷的特征，仿品还是可以看出来的，鉴定时应注意分辨。

缺失

缺失的概念较难理解，实际上指的是中国古代黑瓷有残缺的器皿，而且残缺的部分不能再找回，从而造成口沿、腹部、底足部不能衔接的标本，因此不可复原性是其重要的特质。这样的器皿在墓葬和遗址当中都有见，特别是以一些遗址为显著特征。从时代上看，缺失的中国古代黑瓷在东汉六朝时期比较严重，而隋唐五代、宋元时期基本上相似（图 2-5），起码比六朝时期要好一些，明清时期缺失的黑瓷在数量上有所减少，这与明清时期传世品数量比较多的因素有关。从精致程度上看，缺失的黑瓷与精致程度的关系不大，无论是精致、普通、粗糙的黑瓷之上都有可能具有不可复原性。从造型上看，主要与造型的大小和复杂程度有关，如造型比较大的器皿保留下来的可能性很小，再如一些造型复杂的器皿也是这样，可复原的几率很低；相反，造型简单的器皿，如碗、盘、碟等复原的可能性较大。这一点我们在鉴定时应注意分辨。

▲图 2-5　缺失黑瓷标本　金代

裂缝

中国古代黑瓷中有裂缝的情况十分常见（图 2-6），裂缝主要有两种情况：一种是经受不住外界的压力，从而四分五裂，像一些墓葬当中的器皿就受到了外界的重压而变得支离破碎，这类器皿经过粘接以后可以恢复到原先的模样，但是布满了裂缝。这种裂缝不是窑内产生的，而是后来拼接上去的痕迹，一般情况下考古发掘都不掩饰这种痕迹，所以在博物馆中我们经常可以看到这样一些有裂缝的瓷器，特别是在早期瓷器上面有很多。另外一种情况就是窑内缺陷导致的瓷器开裂，但是窑内开裂的情况通常都只是表面的，开片的程度达不到内外皆裂的程度，如果发生胎体开裂显然也就失去了实用的价值。还有一种情况就是受到外力的作用，局部开裂，这种情况也有见，但是对于黑瓷来讲很少，因为黑釉瓷器胎体本身非常的坚硬，烧造温度很高，如果受到巨大的外力就会支离破碎，而受到轻微震动或者是外力，可能依然是完好的，所以说这种情况在数量上非常少，基本上为偶见。从时代和窑口上看，各个时代和窑口基本上相似，没有过于规律性的特征（图 2-7）。如果说有

▲图 2-6　裂缝明显的黑瓷罐　宋代

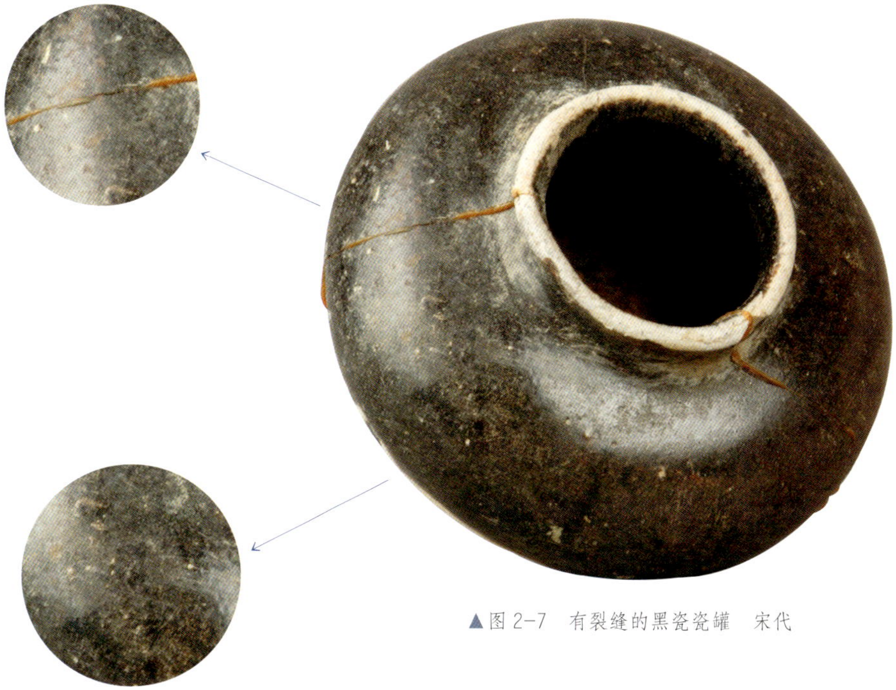

▲图 2-7　有裂缝的黑瓷瓷罐　宋代

特征，就是偶见性的特征，无论是经过拼接的裂缝，还是在窑内出现的缺陷，都是很大的偶见性。对于有裂缝的瓷器我们主要有两种辨别方法：听声音和做检测。

第一是听声音。完好无损的黑瓷听起来有悦耳的金属声，掷地有声，清脆；而有裂缝的瓷器听起来则是非常沉闷，发出的是沙哑的声音。第二是做检测，这种方法很必要。有裂缝的瓷器、经过修复我们从外表看不到其裂缝，但是如果通过一些光学仪器来观察，可以看得很清楚，在一些大学和博物馆里都有这样的仪器，可以用来做检测。总之，有裂缝的黑釉瓷器在中国古代黑瓷当中十分常见，作为博物馆的考古修复来讲是不掩饰这种修复的痕迹，但是目前市场上存在一种风潮，就是因为黑釉瓷器的色彩比较容易调试，便于做旧，所以掩饰裂缝的瓷器经常在古玩市场上出现，从鉴定上很难辨别，因此进行科学检测是必要的。另外，我们知道文物的品相非常重要，如果真的有裂缝的话，这件瓷器就是残瓷了，再者是经过调色修复的瓷器，在裂缝处也不能长久，通常 2 到 3 年就会出问题，所以不要随意触摸修复过的瓷器。鉴定时我们要注意分辨。

变形

中国古代黑瓷当中变形的器皿非常少，这是由中国古代黑釉瓷器在造型上的娴熟程度决定的。黑釉瓷器的出现在东汉晚期就是一种成熟的瓷器，在造型上有着得天独厚的条件，因为在东汉晚期已经有了众多的模型明器，为其造型艺术提供了支撑。在德清窑的黑瓷当中就有相当多的器物造型，一些器物的造型还比较复杂，这得益于中国古代黑瓷发达的造型技术，因此一般情况下黑釉瓷器的造型都是比较规整，变形的情况只在一些非常粗糙的瓷器上出现，而且数量非常少。从时代上看，东汉六朝、隋唐五代时期变形器皿非常少，宋元也是这样，其主要原因是黑釉瓷器主要是作为日常生活用具，烧造温度特别高，在胎体上是略厚胎，这样充分保证了器物造型的规整性，同时这也是其实用器皿生存的基本条件，变形的瓷器只是偶见（图 2–8）。从窑口上看，无论是著名的德清窑还是建窑中都很少见变形器，这一

▲图 2–8　有变形黑瓷碟　明代

点是肯定的，一些兼烧黑瓷的窑口基本上也少见。但主烧和兼烧的窑场相比，一些兼烧的窑场，特别是一些乡村级的小窑场，有可能会出现一些变形器，但是数量不多，由此可见，中国古代黑瓷中变形的器皿非常少见，几乎可以忽略不计。从目前古玩市场上的情况来看，有一些低仿的黑釉瓷器，由于烧造温度过高或过低，还有胎体厚薄等掌握不好，所以会出现一些变形器。但我们要掌握一点，真正意义上的中国古代黑釉瓷器变形器是很少的，其他各种各样的变形器皿的真伪自然也就容易辨别。鉴定时应注意分辨。

土蚀

中国古代黑瓷有土蚀的情况很常见，所谓土蚀就是在黑瓷的釉面上，或是露胎处被土污染的现象，主要是产生了一些化学变化，土一样的色彩或是颗粒，无法用传统的方法清洗掉，或者根本就清洗不掉，这样的一些顽渍，我们称之为土蚀。从形成的原因上看，主要与环境有关，如在潮湿的墓穴环境当中就很容易形成化学反应，易形成一些不易清除的土蚀，或是在遗址当中被泥土直接叠压等，这样的一些器皿就容易造成土蚀的现象，所以从地域上看，中国古代黑瓷土蚀的表现比较明显，一般情况下就是我国南方地区表现得比较严重，在釉面上有很多清洗不掉的土渍，看起来很难看；但这一特征基本上是普遍性的，如上海、南京、杭州等地常见瓷器上有这种情况，这主要与南方地区雨水多、气候潮湿有关。而北方地区，如河南、河北、山东等地，由于天气干燥（图2-9），与南方相比黑釉瓷器的保存环境比较好，所以从土蚀上看比较轻微，很少见到有土蚀，即使有土蚀的情况也是局部的比较多，这样从土蚀严重的程度上看，以南方地区为主。从时代上看，中国古代黑瓷上的土蚀特征并不是很明显，各个时代都有见，从比例上看基本相当，但是从绝对数量上看，显然以唐宋时期为最多，东汉六朝时期次之，明清时期最少。这一点我们在鉴定时应注意分辨。

▲图2-9　有土蚀黑瓷标本　唐代

磕伤

中国古代黑瓷磕伤者常见，磕伤的概念比较复杂，如黑瓷口部、腹部、底部、足部等都比较容易形成磕伤。从磕伤形成的原因上看，磕伤的形成主要与黑瓷作为日常生活用具有关，碗、盘、碟等都是日常生活当中的餐具，瓶、罐等多是日常生活当中的一些陈设皿，极容易受到磕伤，特别是碗、盘、碟等器皿作为人们生活当中的进食器皿，几乎每天都在使用，磕伤的几率比较大（图 2-10）；但是从磕伤的程度上看，碗、盘、碟等磕伤的程度比较轻微，如有一个豁口或者是划伤的情况都很常见，所以说在同时期磕碰的痕迹最为丰富，那么在今天磕碰的痕迹都是新茬口，新茬和老茬的区别比较明显，新茬锋利，有划破手的感觉，而老茬比较钝，手可以随意地触摸，不会有被划破的感觉，一般情况下不会有太大的问题。从数量上看，黑瓷磕伤的情况很严重，如墓葬当中有时出土 3 到 5 件的黑瓷，可能就有 2 到 3 件是磕伤，从而导致了真正完好无损的器皿十分少见。从时代上看，中国古代黑瓷磕伤的情况不是很明显，因为磕伤本身就具有普遍性，所以说各个历史时期基本上都呈现出了均衡化的特征，没有过于规律性的特征，磕伤的瓷器与精致程度的关系并不密切，因为无论是精致，还是普通、粗糙的瓷器都有磕伤的痕迹，可能精致瓷器在磕伤的程度上会轻一些，这主要与精致瓷器在当时人们使用时可能是小心翼翼有关，这一点从建窑比较精致的黑釉茶盏上看得很清楚，有很多精致的兔毫釉茶盏到了今天还是如新器一般，精美绝伦；而普通和粗糙的瓷器多数是伤痕累累，只是严重程度不一而已。鉴定时应注意分辨。

▲图 2-10　略有口磕的黑瓷碗　宋代

失亮

失亮的情况在中国古代黑瓷中有见，失亮的概念比较容易理解，就是黑瓷釉面失去光亮，或者是光泽受损，这样的黑瓷在中国古代黑瓷中数量并不丰富，不是每一座墓葬或遗址中都能见到，而是有一定的偶见性。从产生的原因上看，失亮主要有两种情况：一种是窑内失亮，另外一种是外界的作用。窑内失亮就是在窑内烧制时，由于釉质和温度的关系没有调整到最佳的状态，或者是由于釉质本身存在问题（图 2-11），釉质就会发生失亮情况，但是由于黑釉瓷器是一种深入民间程度很深的民用瓷器，主要是销售给老百姓使用，所以说这样失亮的瓷器在当时也被拿出去销售掉了，这就是我们现在能够看到这种窑内失亮瓷器的原因。第二种就是外力作用，所谓外力主要是指釉面在保存环境内发生了化学反应，从而导致瓷器釉面失亮的情况，这种情况通常不会导致整个器皿完全失去光泽，就是说局部的、瓷器的一部分釉面失去光泽，而另外一部分光亮度依然很好。目前市场上有很多黑瓷，为了能够达到古瓷器那种淡雅的光泽，大都使用化学方法进行腐蚀，以削弱现代黑瓷过强的光泽，岂不知这样用化学试剂一咬，进一步暴露了其做伪的本质。因为中国古代黑瓷如果不是窑内缺陷所导致的失亮，基本上很少是通体失亮的情况，而化学做伪方法则是全面的、通体的，光泽全面的钝化。这一点我们在鉴定时应注意分辨。

▲图 2-11　釉面略有失亮的黑瓷执壶　唐代

第三章 釉色

纯黑釉

背景信息：纯黑的釉色在中国古代黑瓷当中有见（图3-1），可以说是一种在很早就有见的色彩，东汉晚期就有许多报告上称之为乌黑釉的瓷器，实际上指的就是纯黑的色彩，纯黑釉在东汉晚期数量不是很丰富，直到六朝时期德清窑中纯黑釉瓷器才逐渐常见，从此纯黑釉色彩作为一种标志性的色彩出现在历代黑瓷当中。由此可见，纯黑釉瓷器是中国古代黑瓷当中最重要的色彩之一。

鉴定要点：

1、从色彩上看，纯黑釉的色彩实际上指黑色达到了一种非常纯正的程度，这是黑瓷所追求的，中国古代黑瓷在其产生之时就烧制成功了纯正的黑色，并且将这种色彩延续至今，由此可见，纯黑色彩显然是中国古代黑瓷当中的一个固有的传统。从色彩类别上看，纯黑釉显然是单色范畴，在色彩上较为稳定，串色和偏色的现象很少见。

▲图3-1　纯黑瓷灯　明代

2、从时代上看，纯黑釉的色彩其生存的时代贯穿于整个黑瓷史，东汉六朝、唐宋直至明清时期都有见（图3–2）。鉴定时应注意分辨。

▲图 3–2　纯黑釉瓷瓶　宋代

3、从窑口上看，中国古代纯黑釉的瓷器在窑口上特征比较明显，以德清窑为显著特征，在德清窑瓷器中纯黑釉者比较常见，但是在一些兼烧黑釉瓷器的窑口上黑釉瓷器属于绝对的少数，很难找到。鉴定时应注意分辨。

4、从光泽上看，中国古代黑釉瓷器在光泽上虽以黯淡为主，但依然是闪烁着黝黑的非金属的光泽（图3–3），细腻、均匀、柔和、油性光泽比较强。鉴定时应注意分辨。

5、从精致程度上看，纯黑釉的瓷器基本上都是一些瓷器中的精品，很少见到普通或者是粗糙的瓷器，而且从实物观测来看，如果黑釉瓷器上的色彩由纯黑向其他色彩演变，其精致程度明显会出现减弱的趋势。鉴定时应注意分辨。

▲图 3–3　光泽淡雅纯正的黑釉标本　宋代

漆黑釉

背景信息：漆黑釉瓷器在中国古代黑瓷当中较为常见，墓葬和遗址当中都有出土，从件数特征上看多为 1 到 2 件（图 3-4），遗址出土数量多一些，有见数十或者更多的情况。由此可见，漆黑釉的瓷器在总量上有一定的量，但仍然占不到主流地位。不过多数漆黑釉瓷器都是精品力作。

▲图 3-4　漆黑釉小口瓶　五代

鉴定要点：

1、从色彩上看，漆黑釉的瓷器实际上也是一种单色釉，它是模仿黑漆的色彩，东汉六朝、隋唐五代时期黑漆已经达到非常高的普及率且为人们所熟悉，所以模仿漆色的黑瓷釉色受到了欢迎。由于有一个参照物，所以一般情况下都可以达到逼真的程度。后来黑瓷模仿漆黑釉的色彩逐渐成为一个传统。

2、从时代上看，东汉六朝时期就有见，隋唐五代时期常见，直至明清时期漆黑釉的色彩依然是中国古代黑瓷的主流色彩之一（图 3–5）。鉴定时应注意分辨。

▲图 3–5 釉色漆黑盘口壶 唐代

3、从窑口上看，中国古代漆黑釉的瓷器在窑口上特征比较鲜明，以东汉六朝时期的德清窑为显著特征，德清窑当中黑釉瓷器的数量比较丰富，其他时代不同的窑口漆黑釉的瓷器也是经常有见，但在比例上一般情况下没有德清窑大。鉴定时应注意分辨。

4、从光泽上看，漆黑釉的瓷器在光泽上比纯黑釉的瓷器更加黝黑（图 3–6），但这种黝黑绝不是灰暗，它是一种光泽柔和的黑亮，有滋润的感觉，多数通体闪烁着非金属的淡雅光泽，且油性光泽浓郁。

5、从精致程度上看，漆黑釉与中国古代黑瓷在精致程度上有着密切的关联，多数漆黑釉的瓷器也是精致瓷器，非精致的漆黑釉的瓷器比较少见。鉴定时应注意分辨。

▲图 3–6 漆黑发亮的黑釉盏 宋代

黑褐釉

背景信息：黑褐釉的瓷器在中国古代黑瓷当中有见，不少墓葬和遗址都出土了黑褐釉色的瓷器，从件数特征上看有一定的量（图 3-7），但显然与总量相比占据不到主流地位。

▲图 3-7　黑褐釉鼓腹瓶　五代

鉴定要点：

1、从色彩和件数特征上看，黑褐釉的瓷器墓葬出土多为 1 到 2 件，遗址出土的数量可能多一些，总体来看黑褐釉瓷器有一定的量，显然为黑釉瓷器当中的重要色彩之一。

2、从时代上看，黑褐釉的瓷器历代都有见，东汉六朝时期有见，唐宋时期也有见，但从出现频率上看以宋代为显著特征（图 3-8），元明清时期也有见，但数量最少。鉴定时应注意分辨。

3、从窑口上看，黑褐釉的瓷器在窑口特征上十分明晰，主要以非专有烧造黑瓷的窑场为主，如在唐宋时期的很多遗址当中都发现有黑褐釉的瓷器，在这些瓷器当中碗、盘、壶等器皿都有见，但主烧黑瓷的窑场，如德清窑中很少见。鉴定时应注意分辨。

▲图 3-8　黑褐釉盖罐　宋代

4、从光泽上看，黑褐釉在光泽上显然比纯黑和漆黑釉的瓷器窑亮一些，但总体来看，其色彩呈现出的多是柔和、细腻和滋润（图 3-9），多数通体闪烁着淡雅的非金属光泽。

5、从精致程度上看，黑褐釉的瓷器与中国古代精致瓷器的精致程度有一定的关联，但这种关联并不紧密，首先黑褐釉瓷器中精致者虽然有见，但是数量比较少；通常情况下以普通瓷器为最常见，可以说是占到黑褐釉瓷器的大部；粗糙瓷器有见，但数量比较少。鉴定时应注意分辨。

▲图 3-9　黑褐釉盖罐　宋代

黑中泛黄釉

背景信息：黑中泛黄釉的瓷器在中国古代黑瓷当中有见，墓葬和遗址中都有见，从件数特征上看，墓葬出土多为 1 到 2 件（图 3-10），遗址出土数量多一些，但是总的来看数量并不大，只能说是在中国古代黑瓷当中有见这种色彩而已。

▲图 3-10　黑中泛黄釉标本　明代

鉴定要点：

1、从色彩上看，黑中泛黄釉显然是黑釉色彩的衍生色，这种衍生色走得比较远，逐渐在黑釉当中泛出了黄色，这种黄色非常的明显，客观上形成了一种黑中泛黄的色彩，这种色彩由于有一定的量，而且比较稳定，所以逐渐形成了黑瓷的一种色彩类别。

2、从时代上看，黑中泛黄釉的瓷器在各个时代应该都有见（图 3-11），因为它是黑色的一种衍生性色彩，所以如果黑色达不到漆黑的程度，那么在色彩上很有可能衍生成其他的色彩。黑中泛黄釉在色彩上虽然具有一定的偶见性，但是从发掘出土的器物来看，这种色彩在黑瓷上还是比较容易形成。鉴定时应注意分辨。

3、从窑口上看，中国古代黑瓷中黑釉泛黄釉的瓷器在窑口上特征比较明晰，专有烧造黑瓷的窑场，如德清窑当中有见，但在绝对数量上并不占优势。非专业烧造黑瓷的窑场有见这种黑釉泛黄的瓷器，单个窑场可能数量有限，但总量巨大。

▲图 3-11　黑中泛黄釉双系罐　五代

4、从光泽上看，中国古代黑瓷中的黑中泛黄釉者在光泽上光亮度多数比较好，有一定的亮度，可鉴人影（图 3-12），但这种亮度绝不刺眼，没有伪器那种“贼光四溢”的感觉，色彩比较均匀，多数瓷器通体闪烁着柔和、细腻的光照，具有非金属光泽属性。鉴定时应注意分辨。

5、从精致程度上看，黑中泛黄釉的瓷器与中国古代黑瓷的精致程度有着一定的关联，黑中泛黄釉瓷器由于色彩发生了偏移，客观上形成了衍生性的色彩，所以与精致瓷器基本上无缘；主要与普通、甚至粗糙瓷器的关系密切，多数黑中泛黄釉的瓷器都是普通或者是粗糙的瓷器。这一点我们在鉴定时应注意分辨。

▲图 3-12　光亮度较强黑中泛黄釉标本　元代

黑中泛紫釉

背景信息：黑中泛紫釉的瓷器在中国古代黑瓷当中十分常见，墓葬和遗址当中都有出土（图 3-13），从件数特征上看，墓葬出土多为 1 到 2 件，遗址出土数量略多一些。由此可见，总量不是很大，显然不占主流地位，只是中国古代黑瓷当中的一个釉色品种而已。

▲图 3-13　黑中泛紫釉小口瓶　明代

鉴定要点：

1、从色彩上看，黑中泛紫釉在色彩上是黑釉瓷器的衍生色彩，这是无疑的，因为很明显黑釉瓷器在色彩不是很稳定的情况下，釉面内出现了比较多的紫色，这样的色彩我们称之为复色，在色彩上相互融合得非常好，也比较稳定，有一定的量。由此可见，黑中泛紫釉的色彩在客观上已经形成了一种独立的色彩。鉴定时应注意分辨。

2、从时代上看，黑中泛紫釉的色彩在时代特征上比较明晰，东汉六朝时期有见，但是数量很少，主要以隋唐五代时期为显著特征，唐代比较常见，宋元时期也有见，但数量逐渐在减少（图 3-14），明清时期也少量有见。

▲图 3-14　黑中泛紫釉罐　宋代

3、从窑口上看，中国古代黑瓷之上黑中泛紫釉的瓷器在窑口特征上比较明确，德清窑当中黑中泛紫釉的瓷器有见，但数量很少。其他兼烧的窑口在数量上比较多。鉴定时应注意分辨。

4、从光泽上看，中国古代黑瓷中黑中泛紫釉的光泽非常均匀，柔和、淡雅，温润的感觉油然而生，油脂性光泽浓郁，多数通体闪烁着非金属的光泽（图 3-15）。

5、从精致程度上看，黑中泛紫釉的色彩与精致黑瓷的关系基本上可以排除，黑中泛紫釉从本质上看应该是一种缺陷，因为它没有达到中国古代黑瓷所标志的纯黑和漆黑的效果，而是在色彩上发生了一系列比较重大的衍生，所以说精致瓷器的可能性极小，主要以普通瓷器为显著特征，在数量上占据绝对地位，粗糙瓷器当中黑中泛紫釉的情况也有见，但是数量甚是少见。

▲图 3-15　闪烁着非金属淡雅光泽的黑中泛紫釉瓶　明代

外黑内白釉

背景信息：外黑内白是中国古代黑瓷当中十分常见的一种釉色，这实际上是一种施釉方式，在各个历史时期都有见。从件数特征上看，墓葬出土多为 1 到 2 件，遗址出土数量比较多，有时可达数十上百件。由此可见，外黑内白釉的瓷器在总量上有一定的量，是黑釉瓷器当中最重要的釉色和施釉方式。鉴定时应注意分辨。

鉴定要点：

1、从色彩上看，外黑内白的釉色是一种施釉的方式（图 3-16），是黑釉和白釉的一种结合，从色彩上看外面的黑釉一般情况下能够达到漆黑的效果，但是白釉的色彩不是太好，只能达到一般白釉的水平，多数是为了突出黑釉的色彩，显然这种施釉方式已经固定化了，成为了中国古代黑瓷当中的一种独特色彩。

▲图 3-16　外黑内白釉瓷碗　元代

2、从时代上看，外黑内白的釉色在时代特征上比较明显，东汉六朝时期还不是很常见，可以说基本上不见，那么在唐代外黑内白的釉色就已经常见，而且在某些地域有滥觞之势，宋元时期更是常见，在明清时期外黑内白的釉色比较常见，可以说是达到了外黑内白釉在数量上的一个顶峰。

3、从窑口上看，中国古代黑瓷当中外黑内白釉的特征在窑口上比较明显，著名的德清窑当中几乎不见这种釉色或者是施釉方式，由此可见，外黑内白釉的瓷器主要为非专业烧造黑釉瓷器的窑场烧造（图 3-17）。这一点在鉴定时我们要注意分辨。

▲图 3-17　外黑内白釉碗　明代

4、从光泽上看，中国古代外黑内白釉的瓷器在光泽上光亮与黯淡相结合，看起来亦真亦幻，非常的漂亮，黑釉的色彩多数是柔和、滋润、漆亮，白釉的色彩光亮、润泽，与黑釉形成了巨大的反差，从而演绎出“距离”产生美的神话。整个器物多数通体闪烁着淡雅的非金属光泽。

5、从精致程度上看，中国古代外黑内白釉的瓷器在精致程度上特征比较明确，通常情况下过于精致的瓷器几乎不见这种施釉方式，因为黑釉瓷器所追求的是纯黑和漆黑的效果，而非这样一种黑白相间的方式，所以说精致瓷器中很少见；主要以普通瓷器中最为多见。粗糙瓷器当中几乎不见，原因很简单，既然是粗糙瓷器，所以没有必要进行这种难度较大的施釉方式。这些在鉴定时我们要注意分辨。

第四章 窑口

第一节 德清窑

1、概况。德清窑是中国最著名的黑瓷窑场之一，是我国早期主烧黑瓷的重要窑场，烧造时间非常长（图 4-1）。实际上从东汉晚期就已经开始烧造，晋代迅速达到鼎盛，烧造出了乌黑发亮的黑釉瓷器，达到了相当高的水平，在南方地区占据着黑瓷主要的市场份额，同时对于北方地区黑瓷技术的传播有着深远的意义，可以说为北朝黑瓷器的大发展奠定了基础。

▲图 4-1　釉色纯正的德清窑黑瓷罐　唐代

2、数量。德清窑黑瓷在数量上比较丰富，墓葬和遗址都有见，特别是在德清县附近发现的窑址比较多，出土了大量的黑瓷标本，由此可见，德清窑黑瓷产量巨大。鉴定时应注意分辨。

3、窑址。德清窑的窑址虽然文献没有记载，但窑址已经发现，在德清县附近发现了一些烧造黑瓷的窑场遗址，其中丁山窑的规模比较大。另外，德清窑的窑址不仅仅存在于德清县境内，而且在周边地区也都有发现，如在余杭县的馒头山等地都发现了规模比较大的德清窑址。由此可见，德清窑主要是以德清县为中心向周边扩散，但从种种迹象上看，德清窑并未像后来宋代磁州窑、定窑、耀州窑那样形成规模庞大的窑系。

4、时代。德清窑在时代上具有鲜明的特征，最早成熟意义上的德清窑瓷器见于晋代，实际上在整个六朝时期就是德清窑的时代；隋唐五代时期德清窑也有生产，但规模与六朝相比显得逊色；宋代德清窑的生产依然在继续（图 4–2），但是宋代德清窑瓷器显然衰落了，这主要与德清窑在六朝之后逐渐被北朝黑瓷代替有关，老百姓日常生活当中使用的黑瓷多数为各个窑口所兼烧的黑瓷，而非德清窑黑瓷。鉴定时应注意分辨。

▲图 4–2　德清窑风格黑瓷瓶　宋代

▲图 4–3　德清窑黑釉瓷罐　唐代

5、精致程度。德清窑瓷器在精致程度上基本上分为精致、普通和粗糙三种，且在精致程度上这三种区分数量上有明显的分界线，精致瓷器很少见，主要以普通瓷器为大宗，同时粗糙瓷器的数量也比较少见；从时代上看，德清窑黑瓷的精致、普通、粗糙等级的区分，主要表现在六朝时期；唐宋时期的德清窑瓷器在精致程度上的区别已很小，基本上以普通瓷器为显著特征，就是人们日常生活中的普通用具。鉴定时应注意分辨。

6、器形。德清窑黑瓷在器物造型上十分丰富，常见的有碗、盘、壶、碟、盏、盆、罐等（图 4–3），其中以碗、盘的数量为最多，由此可见，德清窑在器物造型上显然是以实用器为显著特征，由于德清窑时代跨度比较长，六朝时期德清窑黑瓷在造型上带有浓郁的时代气息，如一些注子、碗、盘、罐等都有很强的六朝瓷器风格，与青瓷十分相像；隋唐五代时期的德清窑黑瓷又与隋唐五代时期的青瓷、白瓷等十分相像，在鉴定时应注意参考。由此也可见，德清窑黑瓷在器形上是在不断地发展，是一个与时俱进的过程。

7、纹饰。德清窑黑瓷在纹饰上十分黯淡，很少见到有纹饰的瓷器存在，由此可见，德清窑黑瓷实际是延续了中国古代瓷器的一个重要的特征，就是瓷器不以纹饰取胜，特别是早期瓷器更是这样，主要以造型和釉质取胜，而并非是纹饰。德清窑较为精致的瓷器应该是色彩纯正、造型隽永的瓷器，而并不加以纹饰。另外，从客观上来看，中国古代黑瓷浓重的色调可能比青瓷或者是白瓷更加不利于纹饰的表现，所以说在德清窑黑瓷上很少见到纹饰，或者说基本处于偶见的状态。

8、釉质。德清窑黑瓷以釉质取胜，这一点是显而易见的，德清窑在晋代就烧制出了较为纯正的黑色，如乌黑、漆黑等釉色都很常见，基本上没有偏色现象，色泽淡雅，通体闪烁着非金属的光泽，可以说有些精致瓷器非常漂亮。隋唐五代时期德清窑瓷器坚持了这样一种传统，对于釉质比较重视，特别是在开片的控制上取得了成功，德清窑黑瓷的开片比较微弱，有很多瓷器不见开片。另外，在流釉、匀净程度等诸多方面都堪称一流（图 4-4），由此可见，德清窑黑瓷在本质上是在以釉质取胜。鉴定时应注意分辨。

▲图 4-4　德清窑风格黑瓷罐　唐代

9、胎质。德清窑黑瓷在胎体的选择上特征比较明确，选料比较精细，但是达不到优良的程度，这主要与其地位和观念有着一定的关联，因为黑瓷主要是作为人们日常生活当中的用具，一些下层的老百姓真正在使用它，因此客观上讲黑瓷没有必要选用过于优良的胎料。其次就是东汉晚期实际上在青瓷器烧造成功的同时黑瓷也就产生了，但是人们一直对青瓷情有独钟，认为黑瓷只不过是青瓷的副产品，那么德清窑黑瓷又是作为一个南方的窑场，所以说这种观念比较强烈，这显然影响到了其选料。因此，德清窑瓷器的选料都是一些普通的高岭土或者是掺合料，但在淘洗上坚持精益求精，胎质比较细腻、紧密，烧造温度较高，瓷化程度非常好，整个体现了德清窑作为一个民窑场非常现实主义的态度（图 4–5）。从时代上看，德清窑黑瓷的胎质在时代特征上基本相同，东汉六朝时期和隋唐宋时期基本上相似，没有太大的区别，相比较而言，可能隋唐五代比宋代在胎体的选择上略微逊色。鉴定时应注意分辨。

10、影响。德清窑的黑瓷影响十分深远，不仅仅是烧造出了黑釉瓷器，而且通过一系列的技术革新，使黑釉瓷器的色彩变得稳定，烧造出了著名乌黑、漆黑釉等色彩的瓷器，这一点对于后世窑口的影响很大，基本上中国古代黑瓷在色彩上都是沿着德清窑所倡导的漆黑釉的标准来进行的，从之后诸多的窑场上都可以寻找到德清窑黑瓷的影子。如宋代定窑著名的黑定实际上有很多思想、包括技术都是直接来源于德清窑；宋代建窑瓷器基本上也是以德清窑为模本继续发展，直到今天我们从生产黑瓷的技术上仍然能够看到德清窑的影子。由此可见，德清窑黑瓷的影响是巨大的，它在黑瓷史上的作用是承上启下的，不断地穿越着时空。

▲图 4–5　受德清窑影响的黑瓷灯　明代

第二节 定窑

1、概况。众所周知著名的定窑是烧制白瓷的窑场，但同时定窑也烧造有为数不多的黑釉瓷器，人们称之为黑定，工艺精湛，精美绝伦（图 4-6），为宋代瓷业发达的象征。鉴定时应注意分辨。

▲图 4-6 定窑黑釉茶盏 宋代

2、数量。中国古代黑定瓷器在数量上比较少见，一般的墓葬和遗址当中都有见，以偶见的状态为最多，多见 1 到 2 件。由此可见，黑定在总量上非常少，如果相对于整个黑釉瓷器的总量来讲，几乎可以忽略不计。目前发现的黑定瓷器出土的地点多在窑址之上，我们发掘窑址之时在几千件的白瓷当中可能会看到 1 到 2 件的黑定瓷器，城址之上出土黑定的情况罕见。鉴定时应注意分辨。

3、窑址。定窑的窑址在河北省曲阳县境内，并以曲阳县为中心向周边辐射。我们知道定窑形成了巨大的瓷窑体系，河南、山西、江苏、上海、海南岛等地都发现了生产定窑瓷器风格的窑场。可以这样讲，定窑瓷器在宋代已是遍及全国，但对于黑定瓷器来讲并不是所有的窑场都有烧造，多数窑场可能主烧白瓷，而不烧造黑定，但黑定的生产没有规律性可言，有的时候我们发现一些很小的窑场都烧造有黑定，但数量极少。鉴定时应注意分辨。

4、精致程度。宋代黑定瓷器在精致程度上可谓是异常精致，做工精细，几乎是不计工本，与其他定窑瓷器极为讲究成本的特点形成了鲜明的对比（图 4-7），所以在精致程度上精致、普通、粗糙的瓷器这一等级的划分基本上不存在，多数是以精致为显著特征，鉴定时应注意分辨。

▲图 4-7　黑定茶盏　宋代

5、器形。定窑黑定瓷器在器物造型上并不是很丰富，黑定瓷器有一些特定的器物造型，实际上黑定瓷器主要流行于宋代，在当时斗茶之风的推动下，建窑、吉州窑等都烧制出了精美绝伦的黑釉茶盏，而作为北方地区重要的窑场，定窑也烧造了少量的一些黑釉瓷器，以迎合当时盛行的斗茶风尚，但在器物造型上十分有限，主要以茶具为多见，如碗、盏等，当然还有一些日常生活当中的用具，如盘、碟、盒、注子等都有见，其中最常见的还是盏的造型。这一点我们在鉴定时应注意分辨。

6、纹饰。定窑中的黑定基本上很少见到有纹饰的现象，多数黑定瓷器在色彩上追求德清窑的传统，以纯黑为显著特征，当然也受到同时期建窑兔毫及油滴等窑变釉的影响，但通常只做一些轻微窑变，窑变的气氛并不浓重，所以以窑变为纹的可能性也不大，从发掘出土的器物当中也很少见到，而主要以釉质取胜。

7、釉质。黑定在釉质上可以说是极尽心力，釉色追求纯正，光泽上追求黑亮质感，并且黑定借鉴了油滴釉的元素，有时略有见轻微油滴的效果，阳光直射上去的时候可以反射出一些相当强的光芒。在釉质上是特别的精致，避免了相当多釉质上的缺陷，如釉内杂质基本不见，釉层均匀，厚度以较薄釉为显著特征，薄釉很少见，过厚的釉基本也不见。由此可知，在釉质的厚度上定窑黑瓷是狠下了一番功夫。从釉层稀薄上看，以稠密为显著特征（图 4-8），显然是没有为了节约成本而像白瓷那样调稀釉质，整个器物手感润泽，光泽较亮，油性光泽浓郁，通体闪烁着淡雅润泽的非金属光泽，当然这一切的目的还是为了要以釉质取胜。

8、胎质。从胎质上看，黑定瓷器多选用较为优良的高岭土料，泥胎或掺和料基本上不见，在淘洗上比较精炼，可以说是精益求精。胎体匀薄，烧造温度比较高，整个胎体看起来致密、坚硬、细腻，胎内杂质很少见，变形的情况也很少，由此可见，宋代黑定在胎体上可以说达到了异常精细的程度。

▲图 4-8　釉质稠密斗笠形黑定茶盏　宋代

9、影响。宋代黑定瓷器的影响十分深远，主要以釉质和造型来取胜，将黑釉瓷器的烧造技术提升到了巅峰状态（图 4-9），造型隽永、雕刻凝炼、釉质细腻、润泽，几无缺憾，是黑瓷中精品的象征，同建窑和吉州窑存在相互借鉴的作用。但定窑黑瓷并不是以奇取胜，而是以优良的做工、高超的技艺来取胜，这一态度对于后世的影响很大，包括对于我们现在黑釉瓷器的生产都产生了很大影响。

▲图 4-9　精美绝伦的黑定茶盏　宋代

第三节 建窑、吉州窑

1、概况。建窑、吉州窑是宋代主要生产黑瓷的重要窑场，生产的规模较大，建窑、吉州窑黑瓷除了继承传统以外，还开创性地烧造了许多新品种，如兔毫釉、油滴天目等，在工艺上有相当多的创新，剪纸贴花、木叶贴花等，精美绝伦，使人叹为观止。鉴定时应注意分辨。

2、数量。建窑、吉州窑黑釉瓷器在数量上十分丰富（图 4-10），比黑定瓷器数量要丰富。建窑、吉州窑相对来讲，建窑的规模窑稍大一些，影响也更广；从地域上看，全国各地基本上都有见建窑和吉州窑的产品，在当时可谓是"通销全国"；从总量上看，建窑、吉州窑黑瓷在总量上有一定的量，但与整个黑釉瓷器相比，所占比例还很小。鉴定时应注意分辨。

▲图 4-10　较精致建窑兔毫釉盏　宋代

▲图 4-11　玉璧足兔毫盏标本　宋代

3、窑址。建窑的窑址位于福建建阳，并因此而得名；吉州窑的窑址位于江西吉州，也是因地得名。建窑、吉州窑的窑址目前都已被发现，特别是建窑的窑场发现的比较多，从发掘出土的器皿来看，多数比较粗糙，是人们生活当中的日用品，传说中的兔毫、油滴天目等精品瓷器数量罕见。鉴定时应注意分辨。

4、窑系。建窑、吉州窑在中国古代黑瓷窑口上占有重要地位，但显然没有形成窑系，其他的窑场多是仿烧建窑和吉州窑的产品（图 4-11），但仿烧的规模都比较小，与窑系的特征相去甚远。

5、时代。建窑、吉州窑鼎盛时代是在宋代，传说中的兔毫釉、油滴天目、木叶贴花等，都是宋代名瓷，元代也有生产，但在烧造质量上有明显下降，明清时期建窑及吉州窑基本上已经完成了历史使命，退出了历史舞台。鉴定时应注意分辨。

6、精致程度。中国古代建窑、吉州窑在精致程度上明显分化为两种：一是精致，二是普通，粗糙的瓷器很少见（图 4–12）。精致瓷器以精美绝伦的兔毫盏、油滴天目、剪纸贴花、木叶贴花等茶具为主，这些茶具在工艺上精湛，美不胜收，为宋代斗茶所必用之茶具。另外，普通瓷器主要以目前我们在窑址上发现的器皿为多见，还有墓葬当中发现的众多的建窑、吉州窑的黑瓷产品，以碗、盏的数量为最，这些器皿主要在日常生活当中作为人们的餐具以及其他一些生活用具在使用，其工艺水平较为普通，粗糙者有见，但在宋代过于粗糙的建窑和吉州窑黑瓷很少见，元代粗瓷在数量上比宋代显然要丰富许多。鉴定时应注意分辨。

7、器形。中国古代瓷器中建窑、吉州窑在器形上十分丰富，常见的器物造型就有碗、盏、碟、盏托、注等，这主要与其民窑的性质有着密切的关联，因此老百姓所需要的日常生活用具基本上都有生产，不过侧重点对于建窑和吉州窑瓷器来说非常明显，主要以碗、盘的数量为最多；从工艺上看，以盏的工艺最为精绝，如兔毫釉、油滴天目、剪纸贴花、木叶贴花等多数造型都是盏，造型简洁大方，美不胜收。鉴定时应注意分辨。

▲图 4–12　建窑油滴天目釉瓷器　宋代

8、工艺。建窑、吉州窑黑釉瓷器主要以工艺制胜，这一点非常明确，就是说建窑和吉州窑的产品在工艺上几乎达到了精绝的程度（图4-13），有许多创新的元素在里面，如成功烧造出了兔毫釉，这是一种窑变釉，多在茶盏上有见，釉质就像兔子的毫毛一样从盏的内心向外衍射，最终到达器物的口沿部，亦真亦幻。另外，油滴釉瓷器所使用的也主要是窑变的手法，整个器物的釉面就像是油滴在上面一样，分布看似均匀，却没有规律可循，看起来生活气息浓郁；在工艺上也比较复杂。木叶贴花主要是将一些树叶贴在碗或盏的内心，这样我们在喝茶的时候就可以看到树叶在水中漂浮，意境非凡。通常情况下，宋代吉州窑木叶贴花多是桑叶，其他的树叶很少见，这是一个很重要的鉴定要点，我们在鉴定应注意分辨。还有像剪纸贴花也是一种取材于民间、来源于生活，具有浓郁民间生活气息的装饰风格，将老百姓最为熟悉的剪纸与瓷器结合起来，这是一个伟大创举，其产生的效果也极具亲切感。实际上建窑和吉州窑产品还有很多创新，我们就不再一一赘述，鉴定时应注意分辨。由此我们也可以看到，建窑和吉州窑显然是以装饰取胜。鉴定时应注意分辨。

▲图4-13　精美绝伦兔毫釉茶盏标本　宋代

9、 釉质。建窑、吉州窑在釉质上特征比较明确，有以釉质取胜的倾向，建窑、吉州窑的釉质在釉层上比较均匀，并以窑变釉为显著特征，纯正黑色有见，但窑变气氛往往较为浓重，众多像兔毫一样的毫毛如射线般向外衍射，精致者并不是很常见，可见是一种可以控制的窑变。从宋代这些精美绝伦的兔毫釉瓷器上，我们也可以看到建窑是完全可以控制兔毫釉的产生（图 4-14）；在釉质稀薄上，建窑、吉州窑主要是以较薄釉的稠密釉为显著特征，过于稀薄的釉质基本不见，整个釉质手感润泽，有一定的玉质感，油性光泽浓郁，多数瓷器通体闪烁着淡雅的非金属光泽。鉴定时应注意分辨。

10、 胎质。中国古代建窑、吉州窑黑瓷在胎质上具有两极化的倾向，精致瓷器的胎质选料精良，淘洗精炼，多数器皿看起来胎质细腻光滑，很少见杂质，坚硬，瓷化程度高。普通的建窑、吉州窑瓷器在胎体上由于多选用普通的黏土和高岭土料，

▲图 4-14　造型隽永的建窑兔毫釉盏　宋代

▲图 4-15　建窑兔毫釉茶盏标本　宋代

所以胎体在胎色上比较杂，串色和衍生性的色彩发生概率很高，胎质不是很细腻，可以看到一些明显的杂质，还有夹砂胎体的存在等，这些情况都很正常。胎质在厚薄上主要以略厚胎为显著特征，有的胎体相当厚，不过从数量上看，精致胎体的数量很少，建窑和吉州窑产品主要以普通和较厚的胎体为显著特征。

11、影响。中国古代黑瓷中建窑、吉州窑的影响是深远的，它以其绮丽工艺、高超的技术水平，为我们诠释了人世间最“美”的元素（图 4-15）。从地域上看，建窑、吉州窑黑瓷在当时就“通销天下”，而且远销到欧洲、日本等很多国家，以至于目前最好的油滴天目釉的瓷器都在日本，说明当时建窑和吉州窑的产品相当受青睐。元明清时期黑瓷的烧造有很多还要受到建窑、吉州窑的影响，虽然没有建窑和吉州窑的工艺复杂，也达不到建窑和吉州窑的水平，但本质的内容还是建窑和吉州窑产品的风格，我们甚至可以看到今天的黑釉瓷器显然还在受窑变的影响。鉴定时我们应注意分辨。

第五章 造型

第一节 口部

敞口

背景信息：敞口，顾名思义就是指口部向外部张得比较大的口部造型（图 5-1），敞口在黑瓷上应用比较普遍，从造型上看，敞口主要以圆口为主，其他造型也有见，但在数量上不能与圆口相提并论。鉴定时应注意分辨。

▲图 5-1 敞口黑釉瓷碗 明代

鉴定要点：

1、从器形上看，敞口的造型在黑瓷上应用比较广泛，如，碗、盘、碟、壶、瓶、盏等器皿上都有见，但从数量上看，主要以黑瓷碗最为常见。鉴定时应注意分辨。

2、从衍生造型上看，中国古代黑瓷敞口的造型衍生性比较强，在大小上看常见有大敞口（图 5-2）、小敞口等，在造型上常见近敞口、敞口外撇等。由此可见，中国古代黑瓷在口部造型上主要以大敞口为显著特征。

▲图 5-2　敞口黑瓷碗　民国

3、从功能上看，敞口的造型在功能上显然是有利于散热的需要，如敞口的黑瓷碗在造型上其功能很显然是为了盛放饭食的需要；执壶敞口的造型是为了盛酒时端倒方便，有一些瓷罐的口部造型也是敞口，很显然向外敞的口部是为了让人们在取物品时更加方便。鉴定时应注意分辨。

4、从流行程度上看，敞口的黑瓷在流行程度上比较广泛，从器物造型上看涉及绝大多数的器形（图 5-3）；从数量上看，随着大量的黑瓷敞口碗销往全国各地，敞口在瓷器上的应用达到了巅峰装填；从时代上看，敞口的黑瓷器皿贯穿于黑釉瓷器的始终；从使用阶层上看，宫廷和寻常百姓家中都有使用。鉴定时应注意分辨。

▲图 5-3　敞口黑瓷碗　明代

侈口

背景信息：黑瓷侈口的造型时常有见，墓葬和遗址当中都有出土，侈口在形制上与敞口的区别实际上并不大，多数口部有一个向外延伸的过程，侈口向外延伸的过程更为明显，幅度更大。侈口所包含的口部特征内容丰富，如大口、圆口、长方形口、不规则口等都可以囊括在侈口的范畴之内。由此可见，侈口和敞口一样都是黑瓷最重要的口部造型之一。

鉴定要点：

1、从器形上看，黑瓷侈口在器物造型上的应用非常广泛，涉及灯、碗、瓶、盆、钵、注、盘等器物造型，可见器形之繁多，从比例上以黑瓷碗最为丰富，盘、碟、烛台、罐、瓶等器物造型在比例上也比较大（图 5-4）。鉴定时应注意分辨。

▲图 5-4　侈口黑瓷碟　明代

2、从衍生造型上看，黑釉瓷器侈口在衍生造型上比较丰富，从大小上可以衍生成大侈口、小侈口等，从造型上可以衍生成微侈口、侈口较甚、近侈口、侈口微卷等。由此可见，黑瓷侈口的造型在衍生性上比较强，但衍生性的造型相对来讲基本上幅度都比较小，处于侈口微小变化的幅度之内。

3、从功能上看，侈口的黑瓷功能十分明确，主要以日常生活用具为主，兼具装饰的功能（图 5-5）。另外，还出现了较为严重的两极分化，如碗、盘、碟等餐具主要以实用为主，装饰性较弱，而瓶、罐、壶等陈设器皿在装饰性上比较强，有许多器物的口部都是以装饰为先导。这一点我们在鉴定时应注意分辨。

▲图 5-5　兼具实用与装饰功能的侈口黑瓷碟　宋代

4、从流行程度上看，黑瓷侈口在各个历史时期有见，十分流行，东汉六朝、隋唐五代，包括宋元、明清时期的日常生活用具中常见。六朝时期如盏托、钵、盘、壶等器物造型中较为常见，唐代除了碗盘之外，比例较大的如壶、瓶等器物造型都很常见。

敛口

背景信息：黑瓷敛口的造型比较明确，就是口部向内敛的造型(图5-6)，这种造型几乎囊括了所有的口部特征，如椭圆口、长方形口以及许多不规则的口部等等，其中以圆口最为常见，其他口部造型只是有见。

▲图 5-6　敛口黑瓷灯　明代

鉴定要点：

1、从器形上看，黑瓷敛口的器物造型比较丰富，以碗、盘、碟、灯、瓶、盏托、烛台等为常见，从数量上看主要还是以碗为最多；从具体造型上看，出现了一些多元化的特征，很多器皿在口部造型上选择了敛口的造型。鉴定时应注意分辨。

2、从衍生造型上看，中国古代黑瓷在敛口上并非令人绝对满意，所以敛口在衍生造型上是不断地进行尝试（图 5-7），但并不复杂，主要有敛口较大、小敛口、微敛口、敛口较甚等。由此可见，敛口的造型在不断探索的历程。鉴定时应注意分辨。

▲图 5-7　敛口较甚的黑瓷瓶　宋代

3、从功能上看，敛口的黑瓷在功能上特征比较明确，主要以实用为主，如黑瓷罐在器物造型上多是敛口，还有一些瓷瓶的口部特征也是敛口。只有少量的瓷器兼具装饰的功能。鉴定时应注意分辨。

4、从流行程度上看，黑瓷敛口在流行程度上非常广泛，无论宫廷还是市井都有使用（图 5-8），各个时代基本上都有见，出土数量众多。由此可见，黑瓷敛口在使用频率上极高。鉴定时应注意分辨。

▲图 5-8　敛口黑釉瓷碗　明代

花口

背景信息：花口顾名思义就是像花儿一样的口部造型，黑瓷花口主要以生活中真实的花卉为模本，但从数量上看黑瓷花口非常少见，墓葬和遗址内极少见有出土，主要以偶见为主。鉴定应注意分辨。

鉴定要点：

1、从器形上看，花口造型的黑釉瓷器十分丰富，几乎各种造型都有成为花口的可能性，如碗、盘、碟、瓶等（图5-9），但现实中的确很少见到有黑瓷花口器皿的存在，常见的有少量的黑瓷炉为花口，还有见较为精致黑瓷瓶为花口的造型，总之比较少见。鉴定时应注意分辨。

2、从衍生造型上看，黑瓷花口在造型的衍生性上十分丰富，但这只是一种理论上的推测，因为在现实中花口的造型是比较少见的，所以基本上也无从谈起花口有过多的衍生性造型。

3、从功能上看，花口的功能显然是装饰与实用的结合，那么黑瓷为花口就是要以花口吸引人们的视线，这样从功能上看应该是以装饰为先导，但从发掘的黑瓷来看，多数黑瓷在功能上显然都是兼具实用的功能。

4、从流行程度上看，黑瓷花口的器皿在流行程度上比较广泛，从时代上看，东汉六朝、隋唐五代直至明清时期都有见；从使用层次上看，主要以上流社会使用为主，多为精致的瓷器，普通和粗糙的瓷器基本上很少见。这一点我们在鉴定时应引起注意。

▲图5-9　花口莲花纹酱黑釉瓷杯　元代

直口

背景信息：黑瓷直口的造型时常有见（图 5-10），可以说在墓葬和遗址当中都有见，但从数量上看并不占优势，只能说是黑瓷众多口部造型中的一种而已。

▲图 5-10　口较直上黑下白釉鼻烟壶　民国

鉴定要点：

1、从器形上看，黑瓷直口在器物造型的选择上特征明确，有一些特定的造型常见为直口，如瓶、壶、三足炉、盒等，都比较常见，尤其是以黑瓷盒最为多见，这一点我们在鉴定时应注意分辨。

2、从衍生造型上看，黑瓷直口在衍生造型上比较丰富，主要以近直口、微直口、小直口、大直口等为显著特征（图 5-11），

▲图 5-11　较大直口黑瓷罐　唐代

如黑瓷瓶、炉等在宋代很容易见到微直口的现象；小直口在造型上具有相当多的限定性特征，通常多限定在瓶、壶之上，有像瓶一样小口径的执壶，但像盒、碗、盘等基本上很少见到小直口，多数为大直口。对于直口的判断，主要以人们的视觉为判断标准，严格来讲应该是视觉上的一种盛宴。鉴定时应注意分辨。

3、从功能上看，中国古代黑瓷直口的功能主要以实用为显著特征，兼具装饰的功能，如黑瓷盒在造型上以直口为主，因它在直口的同时还通常是子母口，特别是唐宋时期的黑瓷盒，在直口的同时它还是子母口，而子母口我们知道一定是要扣合严实的，如果不是直口而是其他的口部特征，那么就很难达到子母口扣合这一目的。由此可以看到在功能上它首先是现实的，首先是实用的，其次才考虑到它的装饰性的功能。这一点还可以从黑瓷器皿在釉质的表现上看得很清楚，通常如黑瓷盒子母口有很多往往是不施釉的，对于我们视线达不到的地方，黑瓷是不太重视的，这与其浓郁的民间窑场性质有着密切的关联。鉴定时应注意分辨。

4、从流行程度上看，黑瓷直口造型非常广，可以说从东汉六朝时期到明清时期都有见（图 5-12），但主要以唐宋时期最为多见。鉴定时应注意分辨。

▲图 5-12　直口黑瓷双系罐　宋代

子母口

背景信息：子母口的造型比较容易理解，顾名思义就是由子口和母口组成，二者可以相互扣合（图5-13），这样的造型主要以圆形为主，棱形及其他的一些口部特征也有见，但并不多见。从数量上看，子母口的造型比较丰富，在总量上占有一定的量，如果与黑瓷的总量相比，子母口应该只是黑瓷众多造型中的一种而已。鉴定时应注意分辨。

▲图5-13　内未施釉黑瓷盒　唐代

鉴定要点：

1、从器形上看，黑瓷子母口的造型特征明确，它有着特定的器物造型，如盒、罐、杯、壶等都常见，这些器物造型都有可能是子母口，但从比例上看主要以黑瓷盒和罐等为显著特征。另外，这两种器物相比，盒的比例要远高出罐。鉴定时应注意分辨。

2、从衍生造型上看，黑瓷子母口在衍生性造型上可以说很少见，这与子母口盖体扣合的造型有关（图5-14），如果子母口的造型能够随意衍生的话，可能会影响到它的实用功能，所以子母口的造型从本质上看衍生的可能性不大。鉴定时应注意分辨。

▲图 5-14　子母口黑瓷盖罐　宋代

3、从功能上看，黑瓷子母口在功能上特征十分明确，主要以实用为主，而且从盒的功能上看盛放的多是一些胭脂，或者是较为贵重的首饰盒，这样的器皿在功能上不仅仅要求其实用性，而且也会要求其具有装饰性的特征。从实际发掘当中的器物来看，的确也是这样，举一个例子，宋代子母口的盒非常多，种类各式各样，有八棱形的盒、较矮的盒、较大的盒、较小的盒等等，看起来非常漂亮。这样的盒子其子母口除了在实用上保证其不变形、不歪斜外，而且还要求具有一定的美观性。由此可见，从出土的器物上看黑瓷子母口显然是集实用性和装饰性为一体。鉴定时应注意分辨。

▲图 5-15　有盖黑瓷罐　宋代

4、从流行程度上看，中国古代黑瓷子母口的流行程度非常广，从时代上看贯穿于整个黑瓷史，各个历史时期都有见（图 5-15），但是从数量上看，主要以唐宋时期为最常见，可以说是每个人在日常生活当中都会使用到的；从地域上看，全国各地都有出土；从流行阶层上看，无论是达官贵人还是普通百姓都有见使用，并无过于规律性的特征。鉴定时应注意分辨。

大口

背景信息：大口是一个口部大小的概念，顾名思义就是非常大或者比较大的口部；但是这一判断主要是以视觉为标准，而非尺寸意义上的。在数量上最为丰富，为黑瓷主流的器形之一。

鉴定要点：

1、从器形上看，大口的黑瓷在器物造型选择上十分广泛，如碗、壶、盘、碟、罐等都有见，其中以碗、盘、碟的数量最为丰富，黑瓷碗的数量可能要占到整个黑瓷数量的三分之二还要强。鉴定时应注意分辨。

2、从衍生性上看，大口的衍生性实际上非常强，作为黑瓷大口衍生性更强，原因很简单，就是黑瓷是一个巨大的民间窑场，所以黑瓷并没有像一些著名窑口在造型上有固定化的倾向，不同的窑口在黑瓷口部特征上不是很一致，如在东晋南北朝时期著名的德清窑烧制的黑瓷中，仅碗的口径特征就达数十种。由此可见，黑瓷大口在衍生性上非常强，可以衍生成各种大口的造型。鉴定时应注意分辨。

3、从功能上看，大口的黑瓷在功能特征上十分明确，主要以实用为主，以大口中数量最多的黑瓷碗来看，碗的功能就决定了它必须是大口的造型，碗作为人们日常生活当中的餐具（图 5-16），无论是侈口、敞口还是敛口的碗都可以囊括在大口的范畴之内，这一点我们在鉴定时应注意分辨。其装饰性的功能也有见，但不是很多。

▲图 5-16　大口黑瓷碗　明代

4、从流行程度上看，大口的黑釉瓷器在造型上各个时代都有见，可以说贯穿于整个黑瓷史；从使用阶层上看，无论是帝王将相，还是普通百姓都在使用；从地域上看，目前发掘出土的器物各个地区都有见，具有相当的普遍性。鉴定时应注意分辨。

小口

背景信息：中国古代黑瓷小口的造型在概念上比较简单，就是在视觉上比较小的口部造型（图 5-17）。主要以视觉为判断标准，多见圆口，其他的口部特征也有见，但数量很少。从数量上看，小口的造型比较常见，一般的墓葬和遗址当中都有出土。鉴定时应注意分辨。

▲图 5-17　小口黑釉瓷瓶　明代

鉴定要点：

1、从器形上看，黑瓷小口在器物造型的选择上多有特指，通常以瓶、盂、壶、鸡首壶、罐等为最常见。从时代上看，北朝四系黑瓷罐有见小口的造型；唐宋时期的黑瓷瓶、注等有见小口的造型，像碗、盘、碟等基本可以排除小口的可能性，因为与其功能不符。

▲图 5-18　小口黑釉瓷瓶　金代

2、从衍生性上看，小口在造型上的衍生性不是很强烈，小口的概念实际上就已经注定了其口部特征比较小（图 5-18），但这个小口主要是相对于其造型而言的，所以小口在造型的衍生上不是很明显。鉴定时应注意分辨。

3、从功能上看，中国古代小口的黑瓷在功能上兼具实用和装饰双重作用，如小口瓶的功能可能是盛酒，或是盛放一些液态药品等，之所以选择小口的造型，主要是为了栓塞的方便，才将其做成小口；从出土的器物来看，如宋代小口瓶比较多，这些小口瓶不仅比较实用，而且看起来非常漂亮，整个器物造型溜线的感觉比较好，显然口部在此时具有一些装饰性的功能。由此可见，黑瓷小口在功能上是以实用为主导，兼具装饰的功能。鉴定时应注意分辨。

4、从流行程度上看，中国古代黑瓷小口造型流行比较广，东汉六朝、隋唐五代直到宋元明清时期都有见；从使用阶层上看，由于器物造型比较复杂，所以各个阶层的人都在使用；从地域上看，中国古代黑瓷“通销全国”（图 5-19），由此也导致了其地域性特征不是很明晰。鉴定时应注意分辨。

▲图 5-19　小口黑瓷瓶　金代

撇口

背景信息：撇口从概念上看比较明显，即口部向外撇的造型，其所囊括的口部造型非常复杂，几乎可以囊括除了直口和敛口之外的所有造型，如敞口、侈口、大口等都有可能是撇口。在数量上撇口的造型十分丰富，墓葬和遗址内都有出土，在总量上有一定的量，看来应是黑釉瓷器口部造型中的重要类型。

鉴定要点：

1、从器形上看，黑瓷撇口的造型在器物造型的选择上比较明确，如碗、盘、碟、盏、壶、罐、唾壶、炉、瓶等都有见（图5-20）。由此可见，在器物造型的选择上黑瓷是特别丰富；从数量上看，主要以碗的数量最为丰富；从比例上看，基本上以上所列举的全部器物造型在撇口的比例上都比较丰富。鉴定时应注意分辨。

2、从衍生造型上看，黑瓷撇口的造型在衍生性上十分丰富，可以衍生出多种撇口的造型，如微撇口、撇口较甚、撇口微向外卷、花形撇口等等造型。究竟能够衍生出多少种造型，或者是衍生到什么程度，理论上讲只要不超出撇口的范畴都可以，由此可见，撇口在衍生造型上在特定的范围内衍生是无限的。

▲图 5-20　黑瓷大撇口玉壶春瓶　宋代

3、从功能上看，中国古代黑瓷撇口在功能上十分明确，主要以实用为主，兼具有装饰的功能，但撇口在实用与装饰性的结合上比较紧密，如瓶之所以制作撇口的造型，目的就是吸引人们的眼球，满足装饰的需要（图 5-21），这一点在鉴定时我们应该注意分辨。

4、从流行程度上看，中国古代黑瓷撇口的黑瓷在时代特征上不是很明显，各个时代都有见，从比例上看呈现出较为均衡化的特征，鉴定时应注意分辨。从阶层和地域上看，基本上也没有过于规律性的特征，不同阶层和不同地方的人群都在使用。鉴定时应注意分辨。

▲图 5-21　撇口黑瓷罐　唐代

盘口

背景信息：中国古代瓷器盘口的造型非常明显，从外表看很像盘子的造型，不过这显然是一个象征性的概念，口部只是写意性比较强，就是看起来似盘而非真正意义上盘；从数量上看，盘口的造型比较常见，东汉六朝、隋唐五代、明清时期都有见，虽然数量未占统治地位，但盘口的造型在整个口部造型上较具独特性，显然是一个亮点，应为黑瓷口部造型中的重要类型之一。

鉴定要点：

1、从器形上看，盘口的古代黑瓷从器物造型的选择上不是很广泛，较多 的集中在罐、壶、瓶等器皿上（图 5-22），其他的器形有见，但并不丰富；从绝对数量上看，盘口壶最为常见，其次是瓶等造型；从时代上看，六朝时期盛行，如大量见有盘口的壶、执壶、四系罐等等，隋唐五代时期盘口的造型逐渐减少，这一点我们在鉴定时应注意分辨。

▲图 5-22　盘口黑瓷瓶标本　唐代

2、从衍生造型上看，盘口的衍生造型并不丰富，但这只是宏观上看是这样，从微观上看盘口衍生性造型却是比较丰富，只是幅度都很小，主要是在盘口造型的范畴之内有微小的变化，这一点是显而易见的。另外，从大小上看可以分为大盘口和小盘口两种造型，还有一些近似盘口的造型。鉴定时我们应注意分辨。

3、从功能上看，盘口的黑瓷在功能上主要以装饰为先导，装饰和实用的功能紧密地结合在一起，可以说在整个东汉六朝时期盘口壶的造型都非常丰富，但完全是装饰性的功能非常少，多数是兼具实用功能的造型（图 5-23）。鉴定时我们应注意分辨。

4、从流行程度上看，中国古代黑瓷盘口造型在流行程度上非常广，在时代上东汉六朝、隋唐五代、宋元以及明清时期基本上都有见，只是在出现的频率上有所不同而已，以东汉六朝时期最为常见；从使用阶层上看，盘口造型的黑釉瓷器主要以民间使用为主；从地域上看，以南方地区较为多见，北方地区在数量上略微逊色。鉴定时应注意分辨。

▲图 5-23　盘口黑釉瓷器标本　唐代

喇叭口

背景信息：在中国古代黑瓷当中喇叭口的造型十分常见，墓葬和遗址当中都有见。在概念上喇叭口的造型较易理解，就是像喇叭一样造型口部，有向外撇、向外侈、向外卷的过程（图 5-24），看起来具有相当的视觉震撼力。为中国古代黑瓷当中最具特色的口部造型之一。

▲图 5-24　喇叭口玉壶春瓶　宋代

鉴定要点：

1、从器形上看，中国古代黑瓷喇叭口的造型在器形上的选择很有讲究，多选择的是壶、罐、瓶、执壶、炉等这样一些造型，碗、盘等也有选择。由此可见，喇叭口的造型在器物造型的选择上非常广泛，但是从数量上看较为讲究，就是碗、盘等造型的器皿在喇叭口上并不多见，主要以瓶、罐、执壶为显著特征，特别是执壶和瓶的造型最为丰富；从时代上看，东汉六朝时期以瓶为多见，唐宋时期有向多元化发展的趋势，如唾壶的口部造型基本上都是大喇叭口，唐高宗时期几乎都是大喇叭口，只是到了唐中宗至代宗时期唾壶的口部造型有一些变化，多以盘口为主，不过在代宗之后唾壶的造型又恢复到了唐高宗时期，其口部造型以大喇叭口为多见，可见人们对于喇叭口的造型也是在不断尝试（图 5-25）。另外，在宋代还有一些炉也是大喇叭口，鉴定时应注意分辨。

2、从衍生造型上看，黑瓷喇叭口造型在衍生性上十分丰富，从体积上看，可以衍生成大喇叭口、小喇叭口等；从造型上看，可以衍生成近似喇叭口、喇叭口外侈、喇叭口微撇等等。总之，喇叭口的衍生性造型十分丰富，只要不超出喇叭口的范畴的造型都可以说是喇叭口的衍生性造型。这一点我们在鉴定时应注意分辨。

▲图 5-25　黑瓷喇叭口瓶　明代

3、从功能上看，喇叭口的造型显然是在有意夸张口部造型，目的是吸引人们的眼球，有以装饰为先导的明显倾向（图 5-26）。从出土的喇叭口黑瓷来看，喇叭口的黑瓷造型多数又是实用器，因此喇叭口从功能上看，应该是以装饰为先导，实用与装饰并举的一种口部造型。鉴定时应注意分辨。

4、从流行程度上看，喇叭口的造型是黑瓷史上的一朵奇葩，在时代特征上表现并不是很明显，从宏观上看，应该说是各个历史时期都有见；而且在数量上也呈现出了均衡化的趋势；从使用阶层和地域上看，各个阶层和地区都有使用，黑瓷喇叭口的造型可以说是“通销天下”。鉴定时应注意分辨。

▲图 5-26　黑釉瓷瓶喇叭标本　明代

第二节 唇部

1、从种类上看，中国古代黑瓷在唇部特征上比较丰富（图 5-27），常见的唇部造型主要有圆唇、方唇、尖唇、尖圆唇、卷唇、折唇、平唇、厚唇、薄唇、敛唇、撇唇等。当然这些显然不是唇部造型的全部，而都是一些基本的造型，在这些造型之下还可以衍生出许多造型，如卷唇就可以衍生出微卷唇、弧卷唇、卷圆唇等枝节性造型；圆唇可以衍生成圆唇外撇、方圆唇、卷圆唇等衍生性造型，其他的唇部造型也是这样，都或多或少地具有衍生性。也正是基本造型和衍生性造型共同组成了巍巍壮观的中国古代黑瓷唇部造型群，可以说中国古代黑瓷唇部造型几乎是集历代各种唇部造型之大成。鉴定时应注意分辨。

▲图 5-27　尖圆唇黑瓷瓶　辽代

2、从数量上看，中国古代黑瓷有着灿若星河的造型群（图 5-28），但这些造型在数量上的表现却是参差不齐，但有一些主流的特征，如圆唇和尖圆唇的造型就比较多，基本上占到唇部造型的大部，而一些唇部的造型则是比较少见，如，敛唇、平唇的造型就非常少见。另外，从厚薄上看，中国古代黑瓷的唇部造型主要以厚唇为显著特征，薄唇在数量上有限；薄唇的造型主要与瓷器的精致程度有关，如宋代定窑生产的黑定、建窑生产的兔毫釉盏等精致瓷器，它们的唇部特征比较薄，而普通和粗糙的民用瓷器在唇部造型上则是以厚唇为显著特征。总之，中国古代黑瓷在唇部的数量特征上比较复杂，各个窑口、各个时代都有不同的表现，因此我们在鉴定时要特别注意到窑口和时代上的特征。

▲图 5-28　尖唇黑瓷灯　明代

▲图 5-29　尖圆唇黑瓷碗　明代

3、从形制上看，中国古代黑瓷在形制特征上并不复杂，无论是尖唇、尖圆唇、厚唇、薄唇的造型（图 5-29），它们在形制上给人们的感觉都是比较明显，非常的直观，显然是视觉上的盛宴，然而并非没有过于复杂性的特征，这一特征从东汉六朝直至明清。但从形制上看，中国古代黑瓷唇部造型也体现出了其相当的成熟性，如尖圆唇的造型显然达到了相当高的水平，尖唇与圆唇完美地结合在一起，特别是一些精致的黑釉瓷器上的尖圆唇将圆唇的浑厚、尖唇的俊美表现得淋漓尽致，如建窑当中的油滴天目和黑定瓷器都将这种尖圆唇作为其唇部造型的最佳选择，这一点在鉴定时应注意分辨。另外，我们发现普通和粗糙的黑瓷在形制特征上也非常成熟，与精致瓷器的区别可能就是厚一些，而且固定化造型的趋势比较明显。还有就是很少见犹豫不定的造型，如有见则多为伪器。鉴定时应注意分辨。

4、从器形上看，中国古代黑瓷唇部造型在器形的选择上比较广泛，几乎所有的器物都是有唇部的，除了一些建筑明器和动物的造型之外，如碗、盘、托瓶、钵、灯、灯盏、托盘等等都有其唇部特征，只是不同的唇部特征可能会比较多的选择一些适合它的器物造型，像圆唇常在碗、钵、盘、壶、瓶等器皿上出现，而且数量最多的应该是黑瓷碗；方唇的造型多以盆、壶、罐、灯盏等器皿为主，在碗、盘、杯等器皿上使用的频率极低；尖唇的造型多在碗、盘、盏等器皿上使用，而且主要以胎壁较薄的器皿上为多见；薄唇的造型多出现在一些精致瓷器上，以名窑为主；厚唇以普通和粗糙器皿为主。这些鉴定要点我们在具体鉴定当中应注意体会。

▲图 5-30　尖圆唇黑瓷碗　明代

5、从功能上看，黑瓷唇部在功能上较为明确，主要以实用为主，装饰为辅，如比较常见的尖圆唇造型常出在黑瓷碗上（图5-30），显然尖圆唇的造型是比较适合人们在用餐时口唇部的结合，在实用功能的推动下尖圆唇在碗上取得了长足的发展，但尖圆唇的成功还体现了其另外的一个功能性特征——装饰性的功能。因为如果仅仅是为了实用，那么圆唇也是比较适合人们口唇部结合的，没有必要将尖唇和圆唇融合在一起，这样做会耗费一定的精力，那么转换过来就是成本，之所以没有选择圆唇，显然是因为它的装饰性效果不够，不具有挺拔俊秀的效果，所以说黑釉瓷器在功能上所讲究的不仅仅是实用，有的时候甚至会牺牲一些成本来做到这一点。我们在鉴定时应注意分辨。

第三节 沿部

1、从种类上看，中国古代黑瓷在沿部造型种类上比较丰富，常见的主要有平沿、敞沿、卷沿、敛沿、厚沿、折沿、撇沿、薄沿、花口沿等（图 5-31），看来黑瓷在沿部造型的种类上的确是异常的丰富，非常的繁缛。当然这些沿部特征还不是中国古代黑瓷沿部特征的全部，因为在这些基本造型之下还会衍生出相当多的造型，如平折可以衍生成平折沿、近折沿、平沿下折、宽折沿微向上撇等。由此可见，中国古代黑瓷在整个沿部造型上十分丰富。这一点在鉴定时我们应注意分辨。

▲图 5-31　口沿微外撇的黑瓷罐　宋代

2、从数量上看，中国古代黑瓷沿部造型数量特征十分明确，从均衡性特征上看如平沿、折沿、花口沿等在比例上都具有较为均衡性的特征，但从绝对数量上看区别较大，主要以厚沿、平沿、折沿为多见；从墓葬和遗址出土的情况来看，墓葬和遗址出土的器皿大多具有沿部特征，但也有一些器皿没有沿部特征，如碗的造型，因此从整个数量上来看，中国古代黑瓷沿部造型在数量上并不能占据主流地位。究其原因很简单，因为在黑瓷当中碗的数量最丰富，也正是碗的数量直接导致了沿部特征不能在数量上占据主流地位。

3、从形制上看，中国古代黑瓷在形制特征上并不很复杂，多数中国古代黑瓷在沿部造型上比较直观，如，平沿的造型很直观就可以看出来；折沿的造型也比较直观；宽沿看起来很明显；同样窄沿也是这样，所以黑瓷沿部造型基本上以视觉为先导，完全是一场视觉上的盛宴（图 5–32）。但黑瓷沿部造型在形制上十分复杂，它可以随意拆分和组合，如折沿、平沿，甚至宽沿的造型往往融合在一起，共同组成一种沿部造型，也有一些平沿的造型与折沿相互融合，如宽折沿微外撇，显然它集合了宽沿、折沿和外撇的特征。由此可见，从形制上看中国古代黑瓷在沿部形制上以简洁为主，夹杂较强的融合性特征。从数量上看，形制较为复杂的造型数量比较少，如花口沿在数量上比较少，而比较简单的造型如平沿、窄沿等较为常见。鉴定时应注意分辨。

▲图 5–32　折沿下垂灯盏　宋代

4、从器形上看，中国古代黑瓷沿部造型在器形的选择上比较丰富，首先我们可以看到很多器物都有沿部，如碗、炉、盘、灯、鼎、钵、瓶、盘、注、唾壶、盏等，几乎所有的盛器都被囊括在其中，只是比例不同而已。就比例而言，碗的沿部造型比较少；盘的沿部造型较为丰富；瓶、灯、唾壶等器皿在沿部造型的选择上也比较丰富。总之，不同的沿部造型在选择的器物造型上所表现出的是参差不齐(图5-33）。在具体的器形选择上，平沿多选择香炉、钵、瓶、盆、壶等造型；折沿多选择的是鼎、钵、瓶、灯等造型；花口沿以瓶、盏托等为多见。这些造型在进行器形选择时还表现出了强烈的时代特征，如唾壶在东汉六朝时期主要是以平沿或宽平折沿为主，但在唐代就变成了大折沿为主的显著特征，宋代这种大折沿的唾壶在数量上逐渐减少，明清时期几乎不见。因此我们在观测黑瓷沿部特征的时候一定要注意到它的时代性。

▲图 5-33　外撇沿黑瓷壶　唐代

5、从功能上看，黑瓷在功能性特征上非常的复杂，其主流的特征还是以实用为主导，许多器皿之所以有沿部就是为了实用的需要，如盆如果没有沿部，人们就不便端拿，还有唾壶的沿部，也是为了更好端拿。对于很多器皿来讲，如果没有沿部特征，也不会影响到它的实用功能，如东晋时期常见的鸡首壶，多是平折沿，试想，即使没有沿部可能也不会影响到鸡首壶的使用，再者就是用于陈设装饰的花瓶，它的沿部造型多是花口沿，这么复杂的沿部造型，实际上主要是为了装饰的需要。如果仅仅为了实用的话，没有必要去烧制出如此复杂的沿部造型，所以中国古代黑瓷沿部造型的功能只能说是以实用为主，装饰为辅（图 5-34）。而且某些在特定的历史时期和特定造型之上，它的功能有可能发生一些异化，完全反过来的情况也有见，甚至是没有实用的功能，这些可能性都是存在的。我们在鉴定时应注意分辨。

▲图 5-34　外撇沿黑瓷双系罐　宋代

第四节 腹部

1、从种类上看，中国古代黑瓷在腹部特征上种类繁多，常见的主要有鼓腹、折腹、弧腹、浅腹、曲腹、斜腹、圆腹、直腹、深腹、敞腹、球形腹等，可见在种类上的确是比较丰富。这些造型都是一些基本造型，在这些基本造型之下还可以衍生出更为丰富的造型，如鼓腹可以衍生出微鼓腹、近鼓腹、扁鼓腹、大鼓腹等造型，其他腹部特征基本上也都是这样，或多或少都可以衍生出一些枝节性的造型，就连直腹也可以衍生出近直腹等造型。由此可见，中国古代黑瓷整个腹部造型非常丰富。但是黑瓷作为一个具有浓郁民间性质的瓷器品类，在腹部特征上虽然有这么多造型，但是在数量上差距却比较大，主流的腹部特征主要还是以鼓腹为显著特征（图5-35），其他的腹部特征较为少见，如球形腹的造型基本上就很少见，可以说是偶见，这一点我们在鉴定时应注意分辨。

▲图 5-35　大鼓腹黑瓷小口瓶　元代

▲图 5-36 鼓腹黑瓷碗 宋代

2、从数量上看，中国古代黑瓷的腹部特征在数量上特征很明确，就是墓葬和遗址当中出土的黑瓷腹部各种各样，但数量并不是均衡的，总的来看主要是受到时代、窑口等特征的限制，如斜腹的造型主要出现在宋代黑定和建窑兔毫及油滴釉茶盏上，在其他窑口和时代出现的可能性不大。鉴定时我们应注意分辨。

3、从形制上看，中国古代黑瓷腹部造型在形制上比较直观，鼓腹的造型看起来就是鼓起的腹部（图 5-36），弧腹的造型就是弧形的腹部，直腹的造型看起来也比较直观，就是非常近似于笔直的腹部；但是中国古代黑釉瓷器腹部特征在形制上有时候会出现相互融合的现象，这一点比较复杂，如鼓腹的造型可以和弧腹的造型融合在一起，这样就形成了弧鼓腹。另外，斜腹的造型往往和直腹融合在一起，这样就形成了斜直腹的造型，这些造型也是比较复杂。之所以会出现这么复杂的形制，也是为了装饰的需要。鉴定时我们应注意分辨。

4、从器形上看。中国古代黑瓷在腹部造型上有着相当大的差异性，如花形腹的造型它选择的器形可能多是罐、瓶等，还有可能选择一些漂亮的炉等；再如瓜棱形的腹部，它可以选择罐，也可以选择少量瓶的造型，这样的腹部在器物造型的选择上并不是很明确，但中国古代黑瓷在腹部造型选择上比较复杂的一点恰恰就在于它的融合性。就是说有一些器物造型是可以融合比较多的腹部造型，再如黑瓷碗的造型，它不仅可以融合深腹、浅坦腹的造型，而且也可以融合斜腹、鼓腹、弧腹等各种各样的造型，所以说这种器皿在器物造型的选择上的确是比较复杂。另外，不同时代、不同窑口在这一点上也会有不同的表现，总之我们在鉴定时应注意分辨。

5、从功能上看，中国古代黑瓷在功能上特征十分明确，几乎所有的黑瓷腹部都是为了实用而存在(图5–37)，如黑瓷碗各种各样的腹部显然多是具有实用的功能，只不过是实用的功能不同而已，如深腹碗显然是为了盛放更多饭食，多为成年人使用的餐具，而浅坦腹的碗因为所能盛放的饭食有限，主要是小孩使用的餐具，不同的腹部造型在功能上是不同的。再如斜腹的造型显然是为了更加有利于散热。另外，不同的器物造型在特定的器形之上，其功能是特定的，如建窑的黑釉茶盏，它是以斜腹和直腹结合为主，通常情况下呈 45 度角向外衍射，造型看起来就像一个斗笠，这就是人们常说的宋代斗笠碗，斗笠碗以黑

▲图 5–37　折腹黑瓷瓶　明代

釉烧造为最，白釉、青釉等都有烧造，这样的腹部造型，一是具有散热的实用功能，二是为了吸引人们的眼球，从客观上具有装饰的功能，像这样的例子有很多，由于篇幅有限，我们在此就不再赘举。由此可见，中国古代黑瓷主要是实用和装饰功能的融合，也正是因为这样，中国古代黑瓷腹部在造型上非常丰富，可以达到数十上百种之多。从时代上看，不同时代的腹部造型在功能上有所不同，东汉六朝时期主要体现的是实用，装饰的功能居次要地位，实用与装饰的功能虽然有结合，但那种功能居于先导的特征很不明确；隋唐五代、宋元时期这一情况发生了逆转，许多以装饰为先导的腹部形制出现了（图 5-38），如宋代的一些黑瓷瓶的腹部由东汉六朝时期的下腹微鼓，或较为丰满的鼓腹，逐渐向上腹部移动，除了口部之外，就是丰满的肩腹部，这样的造型看起来显然是为了突出腹部在造型上的一种美感，可见黑瓷腹部造型功能在不同时代有所不同，这一点我们在鉴定时应注意分辨。

▲图 5-38　折腹较深的黑釉瓷瓶　宋代

第五节 沿部

1. 从种类上看，中国古代黑瓷在底部特征上非常明显，特征以简洁为主，主要以平底及平底的各种衍生造型为主，这种现象的产生与黑瓷在漫长历史长河中主要是作为人们的日常生活用品有关，其底部特征主要以盛器为主（图 5-39），而盛器的足部客观上要求应该是平底的造型。当然，除了平底以外还有圜底等造型，不过圜底的造型在数量上比较少见，多是在一些特定的造型上才会出现，如黑瓷炉上就常见，其他的造型也有见，但数量比较少，如果与整个黑瓷总量相比，几乎可以忽略不计。鉴定时应注意分辨。

▲图 5-39　平底黑瓷瓶　宋代

▲图 5-40 小平底黑定盏 宋代

2、从数量上看，中国古代黑瓷底部造型在数量上比较明确，主要是以平底的各种衍生性造型为多见，而平底的衍生性造型主要有大平底、小平底、底足较厚、底足较薄的平底等。另外，从平衍的程度上看可以分为底足内凹、底足平衍、底足微凸的造型。从数量上看主要以大平底和小平底为显著特征，不同的器物造型有着特定的频率，如小平底的造型在盏上非常多见，数量比较多。可以这样讲，在宋代建窑当中，绝大多数的盏都是小平底（图5-40），再如黑瓷盆基本上是以大平底为主，很少见到其他平底的情况。由此可见，在数量上黑瓷的底部特征也是相当的复杂。另外，不同的器皿、时代和窑口都会有不同的表现，这一点我们在鉴定时应注意分辨。

3、从形制上看，中国古代黑瓷底部特征在形制上比较明确，主要以直观为主，无论是平底及其各种衍生性造型，还是圜底的造型，看起来都是比较直观，大平底看起来就像是较大的平底；平衍就是底部看起来非常平，有时可达到水平的状态。同样，底足内凹看起来也是比较直观。圜底的造型看起来也是比较明晰，就是像锅底的造型一样。从形制上看，中国古代的黑瓷底部并没有过于复杂的特征（图5-41），这也说明了中国古代黑瓷的超实用性以及简洁为美的特征。鉴定时应注意分辨。

4、从器形上看，中国古代黑瓷不同的足部造型在器形的选择上区别不是很大，除了一些特殊的器物造型，如一些炉多选择的是支足，但是大多数器物都是以圈足为显著特征，如碗、盘、碟、盏、钵等等（图5-46），而且器物在圈足的衍生性造型的选择上也会比较多，如圈足可以轻易地衍生出高圈足、矮圈足、窄圈足、玉璧形圈足、玉环形圈足等造型。从精致程度上看也是这样，就是较为精致的瓷器在足部造型的选择上会出现两极化的趋势，一是如同建窑精致茶盏一样比较矮、比较薄；二是普通和粗糙的瓷器在足部造型的选择上比较单一，如碗、盘、碟、盏、钵等造型选择的多是几种或是一种足部造型，如矮圈足、高圈足的器物造型，且在一个窑场中可能规模化生产，几千个的流水线式的作业痕迹比较明显。鉴定时应注意分辨。

▲图 5-46　双圈足黑瓷罐　五代

5、从功能上看，中国古代黑瓷足部造型在功能上特征明确，以实用为主导，兼具装饰的功能（图 5-47）。从时代上看，东汉六朝时期的黑釉瓷器在足部造型上以圈足为显著特征。其他的足部特征很少见，圈足的各种衍生性造型也比较多，但是还未出现滥觞的程度，所以说东汉六朝时期在功能上实用与装饰结合得比较紧密，但装饰性的功能还未出现先导的情况。然而在隋唐五代时期这一功能性特征显然出现了一些变化，就是圈足的衍生性造型逐渐多起来，圈足的造型向矮化的方向发展，出现了一些较为精致的瓷器，如玉璧足的黑釉瓷碗、盏等。我们知道，玉璧足是唐代邢窑白瓷中最为顶级的产品，在唐代享有盛誉，是大唐盛世的象征，而黑釉瓷器借鉴了这种足部的造型，从玉璧足的黑瓷器皿来看多数相对于其他器皿较为精致，而之所以将足部做成玉璧的造型，显然是有以装饰为先导的功能；宋代这种功能更加泛化，玉璧足的黑瓷在造型上进一步发展，又出现在了一些专烧造黑瓷的窑口，如建窑、吉州窑、定窑烧造的茶盏上，这些盏上各种足部造型的应用十分丰富，而且精致化的程度逐渐提高。由此可见，在功能上变成了以装饰为先导，装饰和实用功能紧密结合的这样一种功能，明清时期基本上延续唐宋遗风，鉴定时应注意分辨。

▲图 5-47　喇叭形高圈足黑瓷灯　明代

第六章 纹饰

背景信息：中国古代黑瓷纹饰并没有给人们留下太多的印象，归根结底就是黑瓷并不以纹饰取胜，而主要以釉质和造型取胜，所以装饰纹饰的黑瓷比较少见。鉴定时应注意分辨。

鉴定要点：

1、从题材上看，中国古代黑瓷纹饰在题材上不是很丰富，主要是一些几何纹、花卉、草叶以及动物纹等（图6-1）。这些题材显然没有过于宏大的场面，几何纹多是一些线条纹，或者弦纹，一周或是几周，也有的是多组弦纹；草叶纹实际上比较少见，多数草叶纹并不能看出是什么样的草叶，只是一些简单的勾勒，寥寥几笔勾勒出一幅画面，像后来青花瓷当中那样的蕉叶纹、缠枝花卉纹中的草叶等基本上不见。花卉纹以简单的花卉为主要特征，写意为主，较为复杂的纹饰很少见，由此可见，中国古代黑瓷当中的纹饰在题材上并不丰富。而这一点也很容易理解，因为黑瓷黝黑的釉面可以说是最不适宜用纹饰来进行装饰，加之黑瓷主要是作为人们日常生活当中的用具，多数是销售给很穷的人使用，在这样的双重因素的作用下，中国古代黑瓷器上的纹饰题材的确是很少见。鉴定时应注意分辨。

▲图6-1　弦纹黑瓷碗（器内）　明代

▲图 6-2　黑瓷剔刻纹瓶　金代

2、从构图上看，中国古代黑瓷在纹饰构图上并不复杂，可以说是非常简单，主要讲究对称性，许多纹饰都是一些剔刻的纹饰（图 6-2），剔花纹比较常见，特别是在宋辽金时期的黑瓷瓶、罐之上经常会出现。这种纹饰的显著特征是粗犷，讲究对称，无论是草叶还是几何纹多是绕刻器物一周，相互映衬；但这种对称并不是真正意义上的几何对称，而只是一种大致的情况，主要是按照工匠在当时的感觉而来，所以说这也成了一个重要的鉴定要点，如果一件器物的对称性过于强烈，那么就要注意看它是不是伪器。从精致程度上看，精致瓷器上很少见到纹饰，出现纹饰的黑瓷大多是普通和粗糙的瓷器，因此从纹饰上我们不能区分精致与粗糙。鉴定时应注意分辨。

3、从线条上看，黑瓷纹饰线条以流畅和刚劲有力为显著特征，黑瓷纹饰在数量上比较少，绝大多数黑瓷都没有纹饰，但是一旦有纹饰的黑瓷，工匠也是十分认真，基本上没有敷衍了事的现象，这显然是延续了中国古代瓷器精益求精的传统。而这种态度也影响到了黑瓷上的纹饰（图 6-3），在比例上多数比较苍劲，在线条上也十分流畅，如果发现线条歪斜、绵软无力者，显然多是当代仿品。由此可见，中国古代黑瓷在烧造态度上非常认真。鉴定时应注意分辨。

4、从饰纹方法上看，中国古代黑瓷在饰纹方法上特征很明确，刻、划、浮雕、剔等都有见，但主要以划花和剔花为常见，由此可见，中国古代黑瓷在饰纹方法上特征较为简单，过于复杂者罕见。鉴定时应注意分辨。

▲图 6-3　弦纹黑瓷罐　清代

5、从饰纹部位上看，德清窑瓷器很少见到有饰纹的现象，东汉六朝时期比较少见，从饰纹部位上看也多是肩腹部等一些较为显著的位置。唐宋时期，包括辽金时期的一些黑瓷罐、瓶之上常常装饰纹饰（图6-4），也是以肩腹部装饰为多见，但饰纹的部位明显有扩大的迹象，而且比较明显，有的纹饰从肩部直至下腹部，是这一时期包括元明清时期黑瓷在饰纹部位上较为固定化的特征。鉴定时应注意分辨。

▲图6-4　弦纹黑釉瓷瓶　宋代

6、从功能上看，中国古代黑瓷器纹饰在功能上特征鲜明，主要是以装饰为主，以期达到良好的视觉效果，提高黑瓷在市场上的竞争力，这显然是黑瓷装饰纹饰的初衷。精致瓷器很少见有装饰纹饰的现象，因为精致瓷器是以釉质取胜。一般情况下黑瓷之上装饰纹饰都是一些普通和粗糙的瓷器，特别是在粗糙黑瓷之上多见有纹饰装饰，如在一些比较粗糙的纹饰上常见剔刻一些较为稀疏、粗犷的纹饰，多数是花卉纹，有的还是对称的花卉。在这些粗糙瓷器上刻划纹饰显然是为了满足装饰的需要，同时也是遮掩瓷器粗糙的需要。另外，中国古代黑釉瓷器多数是以装饰为先导，几乎所有装饰纹饰的黑瓷都具有实用功能，纯装饰性的功能很少见。这一点我们在鉴定时应特别注意分辨。

第七章 价值判断与收藏保养

背景信息：中国古代黑瓷历经千年之久，穿越寂寥的时空来到今天。黑瓷在今天具有较高的价值，不同时代的黑瓷在价值上主要体现在三个方面：研究价值、艺术价值、经济价值，这三个方面的价值相互支撑，密不可分，形成了一个相互支撑的局面。鉴定时应注意分辨。

鉴定要点：

研究价值

中国古代黑瓷无疑具有较高的研究价值，因为黑瓷蕴含着不同时代大量的历史信息，而且由于黑瓷是人们日常生活中的用具，所以黑瓷所蕴含的信息涉及人们日常生活的方方面面（图7-1）。通过对黑瓷的研究我们可以了解到已经逝去时代的点点滴滴，特别是劳动人民生活的一面，进而为复原当时社会奠定基础。另外，黑瓷的研究价值还体现在，揭示这些信息无疑会对现代文明有着诸多启示，包括史学、考古、美学、文物学、人类学、博物馆学、材料学等都会受到较大的影响。同时，揭示这些信息无疑对于我们现代文明是一个巨大促进，这意味着现代文明不是在原点起步，而是站在巨人的肩上继续前行，是一个延续和传承发展的过程。再者就是黑瓷以“釉质取胜”的特点，黑瓷在釉质上取得了辉煌的成就，黑瓷中的精品力作将釉质发挥到了极致，如德清窑瓷器将纯黑釉、漆黑釉的烧造达到巅峰，还有就是宋代建窑的兔毫、油滴釉瓷器，以及吉州窑的木叶贴花、剪纸贴花等，都达到了相当高的水平，历代都很难超越。而对于黑瓷这些成就的研究，无疑可以直接衍生出诸多的鉴赏黑瓷器的依据，从而帮助我们今天对传世的黑瓷进行鉴定，判定时代、辨别真伪、评定价值。

▲图7-1　黑釉瓷器标本　金代

艺术价值

中国古代黑瓷在艺术上的成就举世公认，具有相当高的艺术价值（图 7–2），许多黑瓷达到了举世无双、精美绝伦的程度，我们具体来看一下：

▲图 7–2　精美绝伦的黑瓷罐　宋代

1、造型。中国古代黑瓷的艺术价值首先体现在它的造型上，多数黑瓷在造型上朴实无华，以简洁为美，这是黑釉瓷器在造型艺术上的本质特征。在这一基础上黑釉瓷器衍生出了诸多的器物造型，如建窑的兔毫盏在造型上几乎达到了完美程度，将造型与功能融为一体，以釉质、釉色为辅助，兔毫釉犹如射线状向外延伸，与兔毫盏呈 45 度角斜直腹相映衬，非常漂亮，在兔毫釉将近尽头的时候，盏的沿部有一个向外撇的过程，射线也由此走向尽头，给人以无限想象的空间，这样一种造型实际上是将造型之美发挥到了一个极致，有着极高的艺术成就（图 7–3）。从时代上看，还有很多窑口都烧造出了精美绝伦的瓷器，如定窑烧造出的黑定瓷器异常的美，与当时的斗茶之风融合在一起。由此可见，中国古代黑瓷在造型上的艺术成就已经远远超越了其自身，它与人们的内心世界以及当时社会流行的风尚紧密联系在一起。鉴定时应注意分辨。

▲图 7–3　兔毫釉黑瓷盏　宋代

2、釉质。我们知道，以釉质取胜几乎是所有黑瓷追求的目标，虽然有很多普通的瓷器，在釉质上由于成本等因素的限制无法达到很高水平，但黑瓷实际上在六朝时期烧制已经相当成功，十分纯正，基本上无串色和偏色等现象，光照可鉴人影，通体闪烁着非金属的淡雅光泽（图7-4）。六朝、隋唐五代时期黑釉瓷器在釉质上追求的也是一种纯黑的效果，虽然德清窑在隋唐五代时期已经衰落，但有很多兼烧黑瓷的窑场在黑瓷的釉质上已经取得了相当大的成就，应当说是延续了德清窑瓷器以釉质取胜的风格。这一成就在宋元时期得以延续，在宋代终于形成了一批专门以烧制黑瓷为主的窑场，建窑和吉州窑就是其中的代表。建窑在釉质上进行了革新，创造性地烧造出了兔毫及油滴釉等一批黑瓷窑变釉，在窑变的作用下黑釉瓷器色彩斑斓，与纯净和典雅相映衬，使得整

▲图 7-4　精致黑瓷标本　宋代

▲图 7-5　精美绝伦的黑定盏　宋代

个瓷器的釉面变得精美绝伦、亦真亦幻。吉州窑木叶贴花、剪纸贴花等在釉质上也都具有很高的成就，很多瓷器从现在来看依然具有震撼人心的美感。由此可见，中国古代黑釉瓷器在宋代釉质上都达到巅峰状态（图7-5）。

经济价值

黑瓷本身并不存在经济价值，它的经济价值来源于其研究和艺术价值。研究和艺术价值高的黑瓷经济价值必然也高，反之，研究和艺术价值低的黑瓷在经济价值上必然也低，呈现出的是一个正比的关系，但是在现实社会当中黑瓷的经济价值可能不会是如此简单，除了受到正常的经济规律的作用之外，还要受到诸多因素的影响，具体我们来看一下：

1、品相。有的时候会看到一些研究和艺术价值俱佳的黑瓷（图7-6），由于其品相不是太好，有的仅仅是有一些小的口磕、足磕、裂缝等，应了古玩行当里的一句话"瓷器发毛分文不值"。这句话只是一句老话，可能并没有太多的科学依据，但是在现实生活当中搞收藏的人的确有这种心理。人们都追求完美，所以说瓷器即使有一点点品相问题都会给它的经济价值、价格造成波动，有的时候甚至会造成有价无市的情况，所以对于瓷器的经济价值来讲品相是极其重要的。

▲图 7-6　品相较好的黑瓷双系罐　明代

2、稀缺性。"物以稀为贵"的基本价值规律在黑瓷上同样发挥着重要作用，可以看到有很多黑釉瓷器在研究和艺术价值上显然达不到最高水平，但其拍卖价格却是很高的，原因很简单，就是这种器物数量非常少。历史上这种现象十分常见，如建窑黑釉茶盏中的兔毫盏精致者少见，定窑黑定在瓷器上也非常少，所以有的即使烧造得不太好，它的经济价值也是非常高，原因就是它稀缺，在"物以稀为贵"的经济杠杆下（图7-7），它的价值就会增色许多，因此我们在收藏当中一定要注意一些有利于形成瓷器稀缺性的特点，如底部有铭文，或是用毛笔随意书写的一些姓氏、记号、窑口等。鉴定时应注意分辨。

▲图 7-7　精益求精黑瓷盏　宋代

3、精致程度。中国古代黑瓷从整体上可以划分为精致、普通、粗糙三个等级，但在经济价值上这三级通常是相对应的，精致的瓷器经济价值高，普通的瓷器经济价值一般，粗糙的瓷器经济价值较低，但是在市场实践当中其经济价值还时常受到品相和稀缺性的影响，这一点我们在鉴定时也应当引起注意。

4、残件。黑瓷在漫长的历史长河中，由于岁月的浮沉，留给我们的大多是残缺的器皿（图 7-8）。随着人们对于黑瓷认识的加深，以及黑瓷残器上客观存在着的研究和艺术价值，使得黑瓷残件同样具有经济价值，这一点从理论上讲不可置疑。但是在实践当中由于黑瓷残缺器皿过多，不符合“物以稀为贵”的经济规律，黑釉残件在经济价值上不高。另外，由于黑瓷残缺的程度不同，如有的黑瓷残缺只有一些轻微的足磕和口磕，或者腹部有一些磕痕，釉上有一些划痕等，这些瓷器残缺的情况并不严重，所以它的经济价值有的时候同样是比较高，同样具有保值的功能和升值的潜力；有的瓷器残缺的比较多，如只剩下一片，这样的瓷器由于非常多，研究价值和艺术价值都不太明显，这类器皿的保值和升值的功能都很有限，我们在鉴定的时候应注意分辨。

▲图 7-8　残缺较为严重的黑瓷碗　明代

收藏保养

收藏到一件满意的黑瓷之后，保养显然就成了一个最重要的问题。为了使历经千年之久的黑瓷能够继续留存下去，多数收藏者都是十分重视，但有些时候还是力不从心，甚至会走入一些误区，比如很多人认为黑瓷硬度大、不吸水，容易保存，岂不知黑瓷在经历千年岁月蹉跎之后，今日能够呈现在我们面前已是非常脆弱，其自身固有的特点很多已经变得有些不确定，特别是内部受到损伤的情况很不确定，不易从瓷器的外表观察到，这样的瓷器一旦受到外力就会支离破碎（图 7–9）。实际上黑瓷在后天损伤的情况十分常见，所以本书有必要根据博物馆条例以及经验对日常的一些保养方法进行总结：

▲图 7–9　黑瓷双系壶　宋代

1、 防止磕碰。磕碰是黑瓷受到损伤的主要因素之一，特别是轻微的损伤，如有些收藏者在收藏到一件黑瓷之后非常满意，经常拿在手中随意把玩，这一点本身没有错，但对于文物的保护来说是不利的，因为在没有预案的情况下随意拿出文物欣赏是很危险的，有的时候一不小心就会造成足磕、口磕，而即使是很小的一点点磕痕，那么这件瓷器显然已经成为一件残器，它的价值严格意义上讲只能说是一件标本。因此在把玩文物时，收藏者一定要事先做好预案，做一些常规的准备，如拿一个软垫放在桌子上，以防止瓷器磕伤，最最根本的方法，还是尽量少移动文物，像博物馆库房中的很多藏品，几年甚至几十年不动的情况都很常见（图 7-10），因此您所收藏的黑瓷要在一个稳定的环境中保存，这一点是很重要的。

▲图 7-10　精美绝伦的黑釉瓷罐　唐代

2、 注意清洗。一般人们收藏到黑瓷都要清洗一下，这符合人们的卫生习惯，在清洗当中注意不能使劲地揉搓，不能拿金属的硬物机械清除土渍，因为水中含有多种物质会使釉面受到伤害，一般情况下应放在无菌的纯净水中进行清洗，有土蚀的情况待到其完全溶解后再清洗。通常如果有难以清除的情况，要用牛角刀先试探性的进行剔除，不要强行去剔除它，如果你没有专业修复的经验，应交由专业修复人员进行处理。在它出水之后，用酒精棉球擦干就可以了，不要用抹布进行擦拭，以免对釉面造成二次污染。

3、 擦拭浮尘。中国古代黑瓷无论是保存在怎样的环境当中都会受到灰尘的影响，特别是陈设于厅堂上的瓷器更是这样，人们往往使用普通的抹布进行擦拭，这种方法很容易伤害到釉面，或者导致有害病菌与釉面起反应。通常情况下，用鸡毛掸子轻掸就可以了，但这是一项技术性很强的工作，需要有人专门进行管理。

▲图 7-11　喇叭形高足盘　宋代

4、相对温度。通常情况下中国古代黑瓷对温度要求不高，因为它所经历的烧造温度是 1300 摄氏度，应该可以抗高温、耐寒暑，但由于古瓷器在漫长的岁月长河当中，我们不知道它的内部受损害的程度，在同时期有没有修复过，所以一般情况下保存温度的环境最好不要超过 45 摄氏度，至多不要超过 55 摄氏度，因为如果是以前修复过的瓷器一旦超过了这个温度，热熔条等一些胶剂就很容易熔化，这样有造成瓷器胎体支离破碎的危险。

5、相对湿度。黑瓷相对湿度通常应控制在 50% 左右（图 7-11），如果相对湿度过高，一些受过伤的黑瓷胎体就有可能出问题，因为一些水会随着裂缝流入瓷器的体内，如果温度突然降低，达到零度冰点，结冰厚就会产生巨大的张力，这时瓷器的裂缝会越来越大，或者整个胎体会因张力而支离破碎，所以它的相对湿度应该控制在适当的范围之内。

关于中国古代黑瓷收藏保养的知识还有很多，但是过于专业、还处在研究阶段的内容，我们在这里就不再赘述，我们在这里论述的就是黑瓷最简单的保养，也就是让没有任何收藏和保养经验的收藏者，在不具备保养知识的情况下能够顺利地度过黑瓷保养的第一关。总之，收藏者对于黑瓷的保养要引起重视，不要使这些精美绝伦的黑瓷受损，使它们能够历久犹新、继续穿越时空，这是我们每一个人的愿望。

下篇

兔毫、油滴釉
与紫、缸胎瓷

第一章 综述

数量

紫、缸胎、兔毫、油滴釉瓷器是人们生活中的日常用具（图 1-1），墓葬和遗址内都有见，但是从件数特征上看有一些区别，紫釉瓷器出现的数量总体来看不是很多，特别是像定窑的紫定瓷器数量就很少，可以说是鲜见；缸胎也比较少，而且有集中出现的情况；数量上就是兔毫及油滴釉瓷器比较多，市场上有见，但是从数量上看这些瓷器也有着鲜明的特征，其数量特征都是在一定的时代特征下才显现。紫釉的时代特征以宋代为显著特征，在宋以前也有见紫釉瓷器，但是多数烧造不是很成功，如六朝时期都是以酱紫釉瓷器常见；缸胎瓷器在唐五代时期比较常见，从窑

▲图 1-1　精美绝伦的兔毫釉盏　宋代　林业

▲图 1-2　油滴釉黑瓷标本　宋代

址上看，缸胎瓷器有见数十件的情况；兔毫、油滴釉瓷器在数量上主要以宋代为显著特征（图 1-2），由宋代福建的建窑烧造成功；明清时期，从数量上看有所下降。从总量上看，紫、缸胎、兔毫、油滴釉瓷器在总量上有一定的量，但如果与整个瓷器的数量相比，紫、缸胎、兔毫、油滴釉瓷器在数量上不占优势（图 1-3），只能说有见而已。

▲图 1-3　紫釉双系罐　明代

品相

紫、缸胎、兔毫、油滴釉瓷器由于距离今天时代比较久远，所以遗留到今天的紫、缸胎、兔毫、油滴釉瓷器品相参差不齐，既有完好无损者，也有残缺不全者（图 1-4），而且紫、缸胎、兔毫、油滴釉瓷器在品相上也有比较大的区别。紫釉瓷器由于本身数量比较少，名贵的紫釉瓷器，如明代弘治时期的茄皮紫釉以及嘉靖、隆庆、万历、清代茄皮紫釉在品相上通常比较好，但是数量很少，也有一些民窑仿烧的茄皮紫釉瓷器，如清代就有很多这样的器皿，特别是晚清时期烧造的茄皮紫釉器皿，基本上充当的就是人们日常生活当中的实用器，所以保留至今的器皿有很多，但品相优者为数不少，真正的精品少见。

▲图 1-4　茄皮紫釉瓷器标本　清代

品相优质的缸胎瓷器由于数量很少，品相优者更是少见，多数为残缺不全的器皿；兔毫釉瓷器品相优者很少，多数为普通的器皿，油滴釉瓷器精致者数量也是非常少。由于当时仿烧兔毫、油滴釉瓷器的数量很多，特别是如定窑、山西的一些地方窑场都有仿烧，但是品相优者不是很常见，由此可见，紫、缸胎、兔毫、油滴釉瓷器在品相上是特征各异，这些我们在鉴定时要注意分辨。但总的来看，紫、缸胎、兔毫、油滴釉瓷器所追逐的显然是精品，而普通和粗糙这类瓷器在品相上由于不是很好，有的是窑内有缺陷，一些是外部有损伤，甚至是残片（图 1-5），虽然也有一定的收藏价值，但与品相优的精致瓷器相比其收藏价值较低。

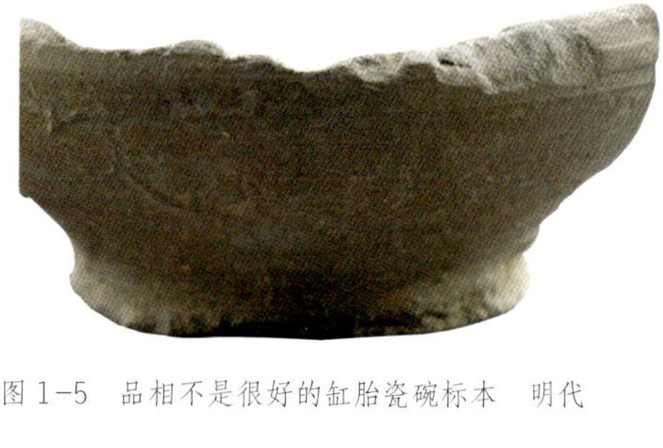

▲图 1-5　品相不是很好的缸胎瓷碗标本　明代

胎色

紫、缸胎、兔毫、油滴釉瓷器在胎色上繁多，常见的胎色主要有白胎、褐胎、黄胎、灰胎、黄灰胎、白胎泛黄等等。由此可见，在胎色上比较丰富，但同时我们可以看到又是非常复杂，这些胎色无疑对于紫、缸胎、兔毫、油滴釉瓷器的鉴定具有重要作用。因为有时从胎色上可以直接判断出瓷器的真伪，我们可以看到紫、缸胎、兔毫、油滴釉瓷器在胎色上纯正的不是很多，多数色彩与衍生色彩有关，如黄白胎、灰白胎等等（图 1-6），显然都是两种色彩融合的衍生性色彩。色彩具有衍生性说明淘洗不是很精炼，所以才会造成串色和偏色的现象，这与多数瓷器为民窑生产的性质有关。当然也有一些比较纯正的胎色，如红色、白胎、灰胎、橙色胎等，这些胎体纯正程度非常高。从时代上看，紫、缸胎、兔毫、油滴釉瓷器在胎色上并没有过于规律性的特征，各种胎色基本上都有见，只是在精致程度上不同（图 1-7）。从窑口上看基本上也是这样，一些特别精致的瓷器有着鲜明的窑口特征，如定窑瓷器当中的紫定多数较为纯正，而且橙、红等色彩的可能性不大。这些胎色特征可以用来判定时代、评定价值、辨别真伪。本书将专门使用一个章节来对胎色进行阐述，以便帮助读者打开胎色鉴定的法门。

▲图 1-6　灰白胎油滴釉瓷器标本　宋代

▲图 1-7　灰白胎较厚的兔毫釉瓷器　元代

釉色

紫、缸胎、兔毫、油滴釉瓷器除了缸胎瓷器以外基本上都是以釉色取胜，当然缸胎瓷器有的是外壁施釉、而内壁不施釉，紫釉瓷器在胎色上色彩比较稳定，如定窑生产的紫釉瓷器色彩就非常稳定，在色彩上有浅茄和深茄之分，而且浅茄和深茄可能在同一件瓷器上。缸胎瓷器在釉色上也非常稳定，兔毫釉瓷器由于窑变的作用其釉色达到了一个相当高的水平，釉色以黑色为基调，变化多端（图 1-8），在黑釉当中往往透出黄、棕、铁锈色的丝状纹，非常的漂亮，通常情况下多是阶段性的色彩，如盏从内心开始多为色彩比较浅淡，然后以射线状向外延伸的过程当中会有相当多褐、紫釉等色。最精致的是建窑兔毫盏，有的时候人们很难相信它是一件黑瓷，在窑变釉的作用下变得亦真亦幻；油滴釉瓷器同兔毫釉瓷器基本是一致的，多是散布着一些银灰色小圆点，这种光泽在光照下与黑色形成了鲜明的对比，看起来使人犹入幻境。从色彩上看紫、缸胎、兔毫、油滴釉瓷器表现不是很一致，如宋代定窑瓷器中的紫定、建窑瓷器中的紫建，明清时期景德镇窑烧制出了著名的茄皮紫釉，我们知道在釉质上也达到了相当高的水平（图 1-9）。缸胎各个时代都有烧造。兔毫、油滴釉瓷器在宋代达到了最高水平，从窑口上看基本上也都是这样。这些繁杂的色彩，剥离出了诸多的鉴定要点。本书将从多个方面来提示紫、缸胎、兔毫、油滴釉瓷器，并设计了诸多图文互动的内容来进行阐述，希望能使读者游刃有余地进行鉴定。

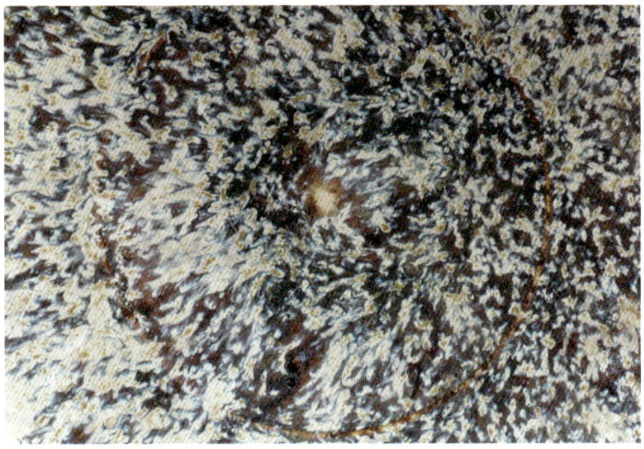

▲图 1-8　兔毫釉瓷器标本　元代

▲图 1-9　景德镇窑紫釉瓷器标本　清代

窑口

紫、缸胎、兔毫、油滴釉瓷器在窑口上特征比较复杂，紫釉瓷器在窑口上主要以定窑的紫定和建窑的紫建为显著特征，其他的窑口在紫釉瓷器上比较少见，还有景德镇窑生产的茄皮紫釉，这三个窑口的生产在窑口特征上十分明确，多数是一些窑场兼烧的瓷器，似乎并没有专一的窑口特征；诸多窑场都可以生产出缸胎的瓷器；兔毫釉瓷器在窑口特征上主要以福建建窑为显著特征（图 1-10），以建窑生产的兔毫盏为最好。另外，吉州窑生产的兔毫釉瓷器在质量上略逊。油滴釉瓷器在建窑和吉州窑当中都有生产，但最好的油滴天目釉主要以宋代建窑的生产为显著特征，在北方的定窑、鹤壁窑、临汾窑等都有发现，但是在烧造质量上与建窑相比略逊；紫釉瓷器主要以宋代定窑的紫定、建窑的紫建为最上，其他时代也有生产，但是在质量上略有下降，兔毫、油滴釉也是以宋代为最，其他时代生产的在质量上明显有下降的趋势。紫、缸胎、兔毫、油滴釉

▲图 1-10　建窑油滴釉瓷器标本　宋代　林业

瓷器在宋元时期有许多窑场都在仿烧，南方的一些小的窑场也在烧造，但多是仿烧，并没有形成像定窑白瓷那样的窑系特征。纵观紫（图 1-11）、缸胎、兔毫、油滴釉的瓷器，过于精致的器皿很少，在市场上见到的可能性也不大，我们在收藏时应以普通，甚至是粗糙的器皿为目标。所以对窑口的了解就显得非常重要，这是我们在鉴定时首先要了解的内容。

▲图 1-11　景德镇窑精致茄皮紫釉标本　清代

功能

紫、缸胎、兔毫、油滴釉瓷器在功能上特征十分明确，主要以实用为主，兼具陈设、装饰、把玩的功能，有的瓷器出现了较为具体的功能，紫釉瓷器在造型上主要以碗、盘等器皿为主（图 1-12），看来是作为餐具在使用。特别是在宋代的时候，无论是定窑紫定还是建窑紫建，盏的数量比较多，作为茶具使用的可能性比较大，建窑的紫建无疑是一种茶具；缸胎瓷器在功能上特征比较复杂，如唐代三彩中有一些素烧的器皿，在功能上可能主要是下葬的冥器，多数缸胎瓷器在功能上主要以实用为先导，如有的器皿外壁为缸胎，内壁施釉，主要是一些大型的器皿，

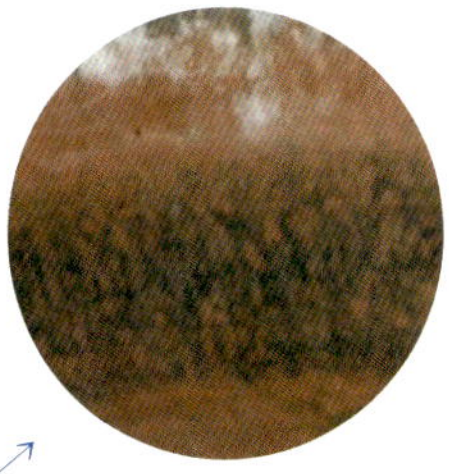

▲图 1-12　紫釉瓷碗　宋代

▲图 1-13　紫釉瓷灯　清代

如缸、瓮等常见，这些器皿内壁没有必要施釉，但少量的缸胎瓷器在装饰功能上也是较为常见，有一些缸胎瓷器在造型等方面十分精致，做工非常精美，造型隽永，这些器皿有以装饰与实用相结合的功能。兔毫釉瓷器在功能上以茶具为显著特征，最为精致的瓷器如兔毫盏等无疑都是茶具，主要是以窑变釉取胜，体现了造型与釉色完美的融合，纹饰主要以窑变形成的纹理为显著特征，如像兔子毫毛一样非人工的纹饰出现在茶盏之上。油滴釉瓷器在功能上和兔毫釉瓷器基本相似，具体的功能也是以茶具为主，体现了造型、釉质、纹饰三者相结合的一种聚集美感。以上所述，都是紫、缸胎、兔毫、油滴釉瓷器最核心的功能，也是精致瓷器的功能。而实际上，紫、缸胎、兔毫、油滴釉瓷器多数为普通和粗糙的瓷器，各种各样的造型都有，如碗、盘、碟、罐、灯（图 1-13）等都有见，其中以碗的数量为最多，那么这些器皿从功能上看主要的功能还是实用，特别是从数量上看显然是这样的。在不同时代以及窑口等诸多条件下，紫、缸胎、兔毫、油滴釉的瓷器在功能上会有所变化，如紫釉瓷器在宋代可能是茶具，但景德镇窑生产的茄皮紫釉，不管是明代还是清代茄皮紫釉，主要是以碗、盘等小件器皿为主，这一点我们在鉴定时要注意分辨。本书试析了不同条件下紫、缸胎、兔毫、油滴釉的功能，相信对读者会有所帮助。

收藏保养

紫、缸胎、兔毫、油滴釉瓷器由于烧造的历史不是很长，加之是人们日常生活当中的用品，所以今天人们收藏到的可能性很大，而当我们收藏到之后，收藏保养就成了一个问题。因为收藏是喜悦与沉重交织在一起的，喜悦的是我们收藏到了自己心仪的藏品，随时随地可以拿出来欣赏（图 1-14），忧虑的是担心被损坏，因为古玩界有一句老话“瓷器发毛分文不值”，这句话虽然在当今并不像过去那样的明显，但的确也是一件非常严重的事情，如果瓷器有缺损，那么它的价值会一落千丈，甚至变得有价无市。另外，还有一个情况就是精致的紫、缸胎、兔毫、油滴釉瓷器收藏时人们较多地注意到保养，但是对于普通和粗糙的紫、缸胎、兔毫、油滴釉的瓷器则认为很便宜就可以买到，从而放松了对其保养的谨慎态度，这样可能会造成对藏品不可挽回的损失（图 1-15）。无论怎样，古瓷器能够穿越时空到达

▲图 1-14　建窑油滴釉瓷器标本　宋代

▲图 1-15　精美绝伦的紫釉瓷罐　明代

今天都是很不容易的，所以我们应该慎重地对待每一件藏品，无论它是精致还是普通，甚至是粗糙的瓷器。本书总结了博物馆现行的一些文物保护的行业标准，以及作者长期在博物馆库房中的工作经验，认为以下几点比较重要：

1. 防止磕碰
2. 减少移动
3. 相对温度
4. 相对湿度

以上四点本书在正文当中会进行详细的论述，以及各种可能性发生时处理问题的方法，不过中国古代紫、缸胎、兔毫、油滴釉瓷器的收藏保养是一个相当系统的工程，并不是以上几点就可以解决所有的问题。以上四点针对的是没有任何经验的收藏者，就是收藏者在没有任何文物修复保护经验的情况下，在收藏到了中国古代紫、缸胎、兔毫、油滴釉瓷器之后的一些应急的措施。一些过于复杂，还处在研究阶段，或是有学术争议的方法，本书在此暂不讨论，总之，通过我们的努力使这些穿越时空仍然完好的紫、缸胎、兔毫、油滴釉瓷器不再受到伤害，能够继续穿越时空，这是我们共同的心愿。

第二章 完残

完好

中国古代紫、缸胎、兔毫、油滴釉瓷器完好者时常有见（图 2-1），墓葬和遗址当中都有见，以墓葬出土为显著特征，墓葬出土多为 1 到 2 件，遗址出土的数量比较少，特别是精致瓷器窑址发掘也很少见，紫定瓷器窑址内就很少见，缸胎、兔毫、油滴釉瓷器也是这样。普通窑场仿烧的紫定、紫建、兔毫、油滴釉瓷器等完整器有见，烧造歪斜略变形的器皿也有见；城址上出土完整的中国古代紫、缸胎、兔毫、油滴釉瓷器的可能性比较小。主要与环境有关，只要墓葬未受到外界的影响，一般情况下都能历久如新，保存完好，特别是遗址和城址内的器皿，如河南三门峡陕州故城遗址由于历代都进行了较大规模的城市建设，从地层上看整个就是一个混乱的状态，所以完好无损的器皿基本不见，有见完好的也都是一些小件的器物，多是夹在缝隙内没有遭到破坏，但这种情况偶见性太强了。由此可见，中国古代紫、缸胎、兔毫、油滴釉瓷器在完好程度上存在一定问题，就是总量比较少（图 2-2），如果与残缺的瓷器相比完整器可以忽略不计。鉴定时应注意分辨。

▲图 2-1　完好缸胎瓷罐　唐代

▲图 2-2　完好无损的紫釉双系罐　清代

残缺

残缺的概念实际上比较容易理解，就是中国古代紫、缸胎、兔毫、油滴釉瓷器有残，而且还有缺损，是一个综合的概念，中国古代紫、缸胎、兔毫、油滴釉瓷器残缺的情况比较常见；从数量上看，可以说大多数瓷器都是有残缺的；从程度上看，可以分为轻微残缺和严重残缺，我们具体来看一下：

▲图 2-3　有磕碰的缸胎执壶　宋代

①轻微残缺。轻微残缺的中国古代紫、缸胎、兔毫、油滴釉瓷器时常有见，一般指的是残缺不严重，缺失的部分不多，如口磕和足磕，还有一些小的磕痕（图 2-3），这样小的磕痕碎片无法找到，显然属于轻微残缺的范畴。轻微残缺的瓷器一般都可以复原，只有极个别瓷器不能恢复造型。从数量上看，中国古代紫、缸胎、兔毫、油滴釉瓷器轻微残缺的情况比较严重，从总量上看，轻微残缺显然是大于完好无损的瓷器，不过与严重残缺的情况相比在数量上还不占优势；从时代上看，轻微残缺的紫、缸胎、兔毫、油滴釉瓷器在各个时代都有见，不过残缺的情况略有不同，如紫釉的瓷器残缺的情况比较少见，由于数量本身就少，在当时就是比较精致的瓷器，人们在使用的时候小心翼翼，一般情况下同时期的口磕和足磕很少见；从时代上看，宋代的这种精致紫建、紫定瓷器呈现出两极化的趋势，要么是完好无损，要么是支离破碎，轻微残缺的情况很少见，兔毫及油滴釉瓷器也是这样，真正的兔毫、油滴釉瓷器在数量上也很少，在当时也

▲图 2-4　有磕碰的缸胎执壶　宋代

是非常的名贵，所以说人们对它也是非常的珍视，两极化的趋势比较明显，这一点我们在鉴定时应注意分辨。从窑口上看，轻微残缺的情况主要以民窑中的普通瓷器和仿烧的建窑紫建、定窑紫定为显著特征，这些窑场由于在质量上多为普通和粗糙的瓷器，目的是烧造人们日常生活中的实用器，所以说人们在使用的时候也不会过于珍视，因此在同时期一些轻微残缺的情况就会出现（图 2-4）。鉴定时应注意分辨。

②严重残缺。中国古代紫、缸胎、兔毫、油滴釉瓷器严重残缺的情况比较多，从概念上看，无论是精致还是普通、粗糙的瓷器，严重残缺的情况都非常严重，只是残缺的程度不同，有的剩下的内容已经不多，有的仅剩下手掌心那么大的一片（图 2-5）或足底的一部分，更甚者只剩下指甲盖那样大小的一块。如果从数量上看，

▲图 2-5　严重残缺油滴釉黑瓷标本　宋代

大多数中国古代紫、缸胎、兔毫、油滴釉瓷器基本上都是以这种状态呈现在我们面前，而且严重残缺有一个比较显著的特征，就是从理论上讲缺失的部分是可以找到的，但是从现实的角度却往往找不到（图 2–6），破碎的情况也很复杂，有很多残缺相互不能够粘接成器。由此可见，中国古代紫、缸胎、兔毫、油滴釉瓷器经过千年之后完整器真是太少了，因此我们一定要保护好它，使它不再受到损害。从时代和窑口上看，严重残缺的中国古代紫、缸胎、兔毫、油滴釉瓷器在时代和窑口上没有过于复杂的现象，同时也没有过于规律性的特征，从根本上看只是具有偶见性，我们在鉴定时要注意分辨。

▲图 2–6　严重残缺紫釉瓷器标本　清代

复原

中国古代紫、缸胎、兔毫、油滴釉瓷器中可以复原的器皿时常有见，从概念上看，复原的意思就是经修复可以恢复原样的器皿（图2-7），因此复原的前提首先是一种残器，这种残缺的器皿具有一定特征，而这些特征也就是可复原的依据，如紫釉茶盏必须有底有口沿，这样的器皿才可以复原。从数量上看，中国古代缸胎、兔毫、油滴釉瓷器由于具有偶见性，所以在数量上特征不是很明确，紫釉、缸胎、兔毫、油滴釉的瓷器都有见，只是相比较而言兔毫和油滴釉的瓷器数量略多一些。从时代上看，中国古代紫、缸胎、兔毫、油滴釉瓷器各个历史时期都有见，没有过于规律化的特征，从可复原的方法上看主要分为两种：

自然复原和模具复原。

▲图2-7　可复原紫釉瓷器标本　明代

▲图 2-8　可复原兔毫釉黑瓷标本　宋代

自然复原指一堆碎片，将碎片拼合起来可以恢复原有的造型，这样的复原方法就是自然复原，比较简单（图 2-8）。模具复原就是有残缺的部分，缺失的部分必须要使用模具才能复原，这样的复原比较复杂，往往伴随着严重残缺，如建窑黑釉茶盏只剩下一个片状的造型，但只要有底有口沿，我们通过打磨，将其拼合起来就可以恢复建窑茶盏的原貌。可以自然复原的器皿从出土地点上看主要以墓葬为主，遗址出土的情况较为少见，主要原因是墓穴内通常随葬的都是一些完整器，在外力的作用下中国古代紫、缸胎、兔毫、油滴釉瓷器支离破碎，碎成数百片者很常见，但是只要在地层未受到扰乱的情况下这些器皿都是可以复原的。模具复原的情况比较复杂，主要以遗址出土为主（图 2-9），但城址出土的可复原数量不如窑址多，多数窑址都有大量可以模具复原的器皿。鉴定时应注意分辨。

▲图 2-9　可复原油滴釉黑瓷标本　宋代

缺失

中国古代紫、缸胎、兔毫、油滴釉瓷器缺失的概念比较明确，就是指有残缺的紫、缸胎、兔毫、油滴釉瓷器（图 2-10），残缺的部分不能找回，这样的瓷器我们称之为缺失，换句话说就是不可复原的中国古代紫、缸胎、兔毫、油滴釉瓷器。这样的瓷器墓葬和遗址当中都有见（图 2-11），主要以遗址所见为显著特征，墓葬内多数器皿通常情况下都可以找到缺失的部分，但遗址之上一般都很难再找到可有效复原的标本。从时代和窑口上看基本上没有过于复杂性的特征，鉴定时我们应注意分辨。从造型上看，器形简单的器皿容易找到缺失的部分，如碗、盘、碟、钵等器皿就容易找到有效的复原标本（图 2-12）；而造型复杂的器皿就不容易找到有效复原的标本，如龙首瓶的造型就略显复杂，有的还有附属的流、柄等，这样的器皿一旦缺损很难复原。另外，从造型上看，体积小的中国古代紫、缸胎、兔毫、油滴釉瓷器可复原者比较多，而体积较大的中国古代紫、缸胎、兔毫、油滴釉瓷器复原的可能性比较渺茫，鉴定时应注意分辨。目前古玩市场上经常出现一些较大型的器皿，可以看到一些修复的痕迹，那么这些器皿我们在鉴定时一定要注意分辨。

▲图 2-10　缺失兔毫釉瓷器标本　元代

▲图 2-11　缺失洁白胎茄皮紫釉瓷器标本　清代

▲图 2-12　缺失油滴釉黑瓷标本　宋代

裂缝

中国古代紫、缸胎、兔毫、油滴釉瓷器有裂缝的现象比较常见，裂缝的成因比较复杂，一般情况下是紫、缸胎、兔毫、油滴釉瓷器在经受外界压力的情况下就会产生裂缝。如果外力足够，那么胎体必然分离，甚至支离破碎；但是如果外力不够，这样的器皿常常会形成裂缝。由于中国古代紫、缸胎、兔毫、油滴釉瓷器都是人们日常生活当中的实用器，非常坚硬，如果受到外力必然是支离破碎，受到外力胎体未分离而产生裂缝的情况很少见。因此我们今天看到的多数有裂缝的情况是支离破碎的瓷器，可能碎为数十片和上百片了，这样的器皿可以看到许多裂缝，但这些裂缝是考古修复，因为考古修复是不需要进行掩饰的，而古玩市场上出现的一些藏品，经常是将这种裂缝进行做旧，掩饰得很好，我们用视觉基本不能看到。对于这类瓷器的鉴别方法主要有两点：一是听声音，完好的中国古代紫、缸胎、兔毫、油滴釉瓷器扣之可以发出清脆悦耳的声音，而有裂缝的瓷器听起来声音则是沙哑，二者区别非常明显，我们在鉴定时要注意分辨。二是做检测，目前有许多光学仪器都可以很清楚地看到瓷器釉面之下有没有裂缝和被修复过的痕迹，这种方法简单易行，只要我们到相关的检测机构进行检测就可以了。如果是比较精致的紫、缸胎、兔毫、油滴釉瓷器，经过检测这道环节还是非常必要的，因为我们凭经验有的时候不免会有一些误判。如有的收藏者过于喜欢某件藏品，可能他心里就认为这件器物是完好的，即使所有人听瓷器发出的声音是沙哑的，但当事人就是听不出来，所以我们一般情况下都要通过检测，从理性的角度来分析一件瓷器是否有裂缝。再者就是经过修复的瓷器，有裂缝的地方也不是可以永远保持的，一般情况下 2 到 3 年，至多 3 到 5 年的时间，经过修复的裂缝会若隐若现，有重新显现的可能。因为经过修复瓷器的釉质与瓷器所烧造的釉质形成的原理是不一样的，如果想收到一件完好无损的器皿，就必须要经过检测，这一点尤其对于从古玩市场上得来的藏品非常必要。鉴定时应注意分辨。

变形

中国古代紫、缸胎、兔毫、油滴釉瓷器在造型技术上已经十分娴熟，宋代高超的造型艺术使得一些较为复杂的器物造型变得游刃有余（图2-13），如中国古代紫、缸胎、兔毫、油滴釉瓷器中的碗、盘、盏等，在造型上都非常的漂亮，技艺相当的高超，而且最重要的是在烧造的态度上几乎是件件精益求精，很少见到有变形的情况，变形的情况多为偶见。从时代上看，中国古代紫、缸胎、兔毫、油滴釉瓷器中宋代的紫定和紫建精品很少见有变形者。元代由于在制作上比较粗糙，偶见一些小的窑场有变形器，看来这些变形的器皿在当时也是被销售掉了，所以我们才会在一些遗址上看到少量变形的器皿。不过变形的情况一般都不严重，基本上不会影响到实用，明清时期很少见到变形的情况；从窑口上看，

▲图 2-13　有变形缸胎单耳杯　宋代

中国古代紫、缸胎、兔毫、油滴釉瓷器变形的情况比较简单，紫定、紫建、茄皮紫釉、兔毫、油滴釉瓷器变形的情况很少见，生产这些瓷器的主流窑场，如建窑、定窑等都很少见到变形的器皿，一些仿烧它的窑场和小的窑场经常有见变形的情况；从精致程度上看，中国古代紫、缸胎、兔毫、油滴釉瓷器变形的情况与精致程度有着密切的关联，通常情况下精致瓷器很少见到变形的情况，主要以普通和粗糙的瓷器为显著特征，普通瓷器变形的情况数量有限，粗糙的瓷器变形的情况也并不是很常见；从总量上看，变形的器皿与整个中国古代紫、缸胎、兔毫、油滴釉瓷器的总量相比几乎可以忽略不计（图 2-14）。这一点我们在鉴定时应注意分辨。

▼图 2-14　微有变形紫釉瓷器标本　清代

土蚀

中国古代紫、缸胎、兔毫、油滴釉瓷器中有土蚀的情况十分常见，这一点从诸多的墓葬和遗址当中来看都有被土蚀的情况，从总量上看有一定的量。土蚀的概念比较复杂，在中国古代紫、缸胎、兔毫、油滴釉瓷器的釉面或者露胎上有一些土渍，我们怎么清洗都不能将其清洗掉（图 2-15），称之为土蚀。从成因上看主要与保存环境有关，在保存环境中由于潮湿或者发生化学反应就会产生土蚀。土蚀的影响很严重，会影响到瓷器的品相，从而影响到其研究、艺术、经济价值。中国古代紫、缸胎、兔毫、油滴釉瓷器在土蚀上以地域为显著特征，南方地区有土蚀的情况比较严重，无论是釉面还是胎体上，特别容易形成土蚀，而且面积比较大，被土蚀的瓷器比较多，这主要与南方地区的潮湿有关。而北方地区，如山西、陕西、河南、河北等地，这些地区由于保存环境比较干燥，瓷器很少受到土蚀（图 2-16），与南方地区的瓷器有着明显的区别。从精致程度上看基本上也没有过于规律性的特征，从时代和窑口上看特征也不是很明显。鉴定时应注意分辨。

▲图 2-15　有土蚀紫釉瓷罐　清代

▲图 2-16　有土蚀油滴釉双系罐　唐代

磕伤

中国古代紫、缸胎、兔毫、油滴釉瓷器中磕伤的情况比较常见，磕伤的概念比较容易理解，所有部位由于磕碰而形成的痕迹都可以称之为磕伤。磕伤从数量上看比较多，这与中国古代紫、缸胎、兔毫、油滴釉瓷器主要是作为日常生活当中的实用器有关，多数磕伤的部位都是日常生活当中常用到的部位（图 2-17），如中国古代紫、缸胎、兔毫、油滴釉瓷器中的碗、盘、盏等经常受到的磕碰，口、腹、足等部位是最多的，因此磕碰的痕迹主要是与不同器皿经常使用的部位有关，这一点我们在鉴定中应注意分辨，基本上是一个呈正比的关系。从精致程度上看，一些比较精致的中国古代紫、缸胎、兔毫、油滴釉瓷器，如最精致的盏在当时使用时受到磕碰的可能性就极小，从发掘的情况来看，有的盏在历经了漫长岁月长河之后仍然是历久如新，就像是刚出窑的模样一般，这样的器皿如紫定、紫建等基本上都是这样，在当时就是非常珍贵的斗茶用具，多数情况下是我们现在或是在流传的过程当中形成的磕碰痕。普通和粗糙的器皿主要以当时的磕碰为显著特征，因此精致程度与磕碰的关系实际上非常明确。从价值上看，如果是老磕，它的价值可能不会受到太大的影响；但如果是新茬，显然它的价值会一落千丈。鉴定时应注意分辨。

▲图 2-17　有磕碰缸胎瓷罐　唐代

第三章 釉色

兔毫釉

背景信息：兔毫釉是中国古代紫、缸胎、兔毫、油滴釉瓷器中最引人注目的釉色之一，墓葬和遗址中都有见，出土件数特征多为1到2件，在数量上有一定的表现，显然在中国古代紫、缸胎、兔毫、油滴釉瓷器当中占据着相当主流的地位，精品与普通瓷器并存，鉴定时应注意分辨。

鉴定要点：

1、从色彩上看，兔毫釉在色彩上顾名思义就是像兔子毫毛一样的窑变色彩，它以黑釉色彩为主，然后向其他色彩渐变，黑釉就是釉色黝黑晶亮，渐变色彩有黄棕色、铁锈色、褐色等（图3-1），其形成的原因主要是釉内氧化铁的含量高达9%以上，所以在高温烧制的过程当中铁质融入釉中，会将气泡带到釉面，当它们冷却下去以后，部分流成条纹，从中折射出一些赤铁矿的小晶体，从而形成一些犹如兔子毫毛一样的效果。较为精致的兔毫盏的内底多是以黑色为主，然后逐渐向外渐变到褐色，或者是兔褐金丝般的色调，呈射线状的由内向外衍射，整个效果非常的震撼。古人常用玉毫、兔毫等来形容，实际上大家认可程度比较高的就是这是一种兔毫釉。兔毫釉在窑变中色彩的渐变基本上达到了历史之最，当然它的出现与宋代的斗茶习

▲图3-1　精美绝伦的兔毫釉盏　宋代

俗是分不开的，人们斗茶的时候是先斗茶具之美，继而斗其他，所以说客观上茶具必须美不胜收、精美绝伦，在这种时代背景的呼唤下兔毫釉瓷器出现了。鉴定时应注意分辨。

2、从时代上看，兔毫釉瓷器时代特征比较明确，主要以宋代为显著特征，元明清各个时代都有见，但是以宋代建窑达到最高水平（图3-2），其他时代多仿建窑，在精致程度上也是以宋代建窑为最好。鉴定时应注意分辨。

▲图 3-2　兔毫釉茶盏　宋代

3、从窑口上看，中国古代兔毫釉瓷器在窑口特征上非常的明确，兔毫釉是建窑烧制成功，也是建窑将其烧造达到最高水平，建窑当中有精致、普通和粗糙的兔毫釉，不过建窑主要是以精致瓷器为显著特征。建窑在宋代名满天下，曾经为宋代宫廷烧制过一些斗茶使用的茶盏，在底部多刻有进盏等等字样，但是这些器皿在数量上是很少的。从窑口上看，兔毫釉瓷器的烧造在宋代绝不仅仅限于建窑一家，如吉州窑等诸多窑口都在烧造，但在烧造质量上显然都不如建窑好。鉴定时应注意分辨。

4、从光泽上看，中国古代兔毫釉瓷器在光泽上达到了相当高的水平，黝黑发亮与淡雅、柔丽并存，通体闪烁着油脂性的光泽（图 3-3），光泽均匀、滋润，在光泽上达到了相当高的水平。鉴定时应注意分辨。

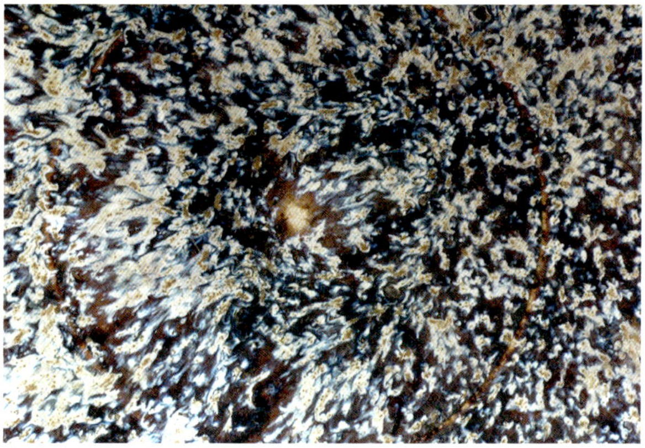

▲图 3-3　兔毫釉瓷器标本　元代

5、从精致程度上看，兔毫釉瓷器在精致程度上基本上精致、普通、粗糙的瓷器都有见，包括建窑和其他的窑场都有见，从数量上看主要以普通瓷器为显著特征，在造型上以碗最多，但精致瓷器以盏的数量最多；粗糙的瓷器也有见，但数量与精致瓷器基本相当，都是比较少见（图 3-4）。由此可见，中国古代紫、缸胎、兔毫、油滴釉瓷器中的兔毫釉瓷器主要还是以普通瓷器为最常见。鉴定时应注意分辨。

▲图 3-4　略粗兔毫釉瓷器标本　元代

油滴釉

背景信息：油滴釉瓷器是中国古代紫、缸胎、兔毫、油滴釉瓷器当中十分常见的一种釉色，在宋代的斗茶风尚当中占有重要地位，墓葬和遗址当中都有见，但是数量不多，多是 1 到 2 件，精品有限。鉴定时应注意分辨。

鉴定要点：

1、从色彩上看，油滴釉瓷器正如它的名字一样，顾名思义就像是有油滴洒上去一样，实际上它的本质是一种黑釉（图 3-5），利用氧化金属的呈色原理和窑内温度的机理，经过窑工们的烧造，使得釉面形成一种花釉或结晶釉，在釉面上呈现出圆形的效果。由此可见，油滴釉实际上是人们的一种感觉，以人们的视觉判断为标准，特征十分明确。鉴定时应注意分辨。

▲图 3-5 油滴釉黑瓷标本 宋代

2、从时代上看，中国古代油滴釉瓷器在时代特征上比较明确，宋代创烧成功，元明清时期都有生产，为宋代斗茶文化的产物，最精致者多在宋代，称之为油滴天目，不过这种过于精致的油滴釉瓷器数量非常少，基本上现在在国外的多，国内基本上以片状标本为显著特征。鉴定时应注意分辨。

3、从窑口上看，油滴釉瓷器在窑口特征上十分明确，以宋代建窑为显著特征，建窑首创了油滴釉瓷器（图 3-6）。当然同时期的其他窑口也有见，如南方的吉州窑、北方的鹤壁窑、临汾窑、定窑等都有生产，其他的一些窑场也有生产，元明时期都有见。从窑口上看，多数窑场仿烧的油滴釉瓷器在质量上比较差，讲究的只是意境，而不是形似，所以有时看起来一些比较粗糙的油滴釉瓷器感觉并不是很好。即使从建窑当中看，精致和普通、粗糙的油滴釉瓷器还是有两极化的趋势，简单地讲，精致者数量非常少，而普通和粗糙者数量则非常多。鉴定时应注意分辨。

▲图 3-6　建窑油滴釉茶盏　宋代

▲图 3-7　油滴釉黑瓷标本　宋代

4、从光泽上看，中国古代紫、缸胎、兔毫、油滴釉瓷器在光泽上特征比较明确。首先是黝黑发亮，黑亮与淡雅以最完美的光泽效果融合在一起，但这种黑亮看起来并不刺眼，没有“贼光”的感觉，在太阳光下可以看到耀眼的银光，油性光泽也很强（图 3-7），多数通体闪烁着淡雅柔和的油脂性光泽。鉴定时应注意分辨。

5、从精致程度上看，油滴釉瓷器在精致程度上比较明确，有精致、普通和粗糙之分，从数量上看，精致瓷器占有一定的量，特别是在宋代斗茶之风的影响之下，精致的或是较为精致的油滴釉瓷器为数不少，包括元明时期都有一些精致的瓷器，但数量与宋代不可相比。普通和粗糙的瓷器数量非常多，在宋代建窑当中显然占到多数，在元明时期、特别是在元代普通和粗糙瓷器数量进一步增加，这一点我们在鉴定时应注意分辨。

紫釉

背景信息：中国古代紫釉在紫、缸胎、兔毫、油滴釉瓷器当中占有一定的量，墓葬和遗址内都有出土，数量比较少，多为1到2件（图3-8）。由此可见，在总量上并不丰富。鉴定时应注意分辨。

▲图3-8 紫釉瓷盒 明代

鉴定要点：

1、从色彩上看。紫釉瓷器从色彩上看以定窑的紫定和建窑的紫建为主，这是宋代最为精美绝伦的器皿，但其共同特征是数量很少，有的几乎是不见，如定窑中的紫定，仅见于明代的《格古要论》，它提及紫定瓷器，"说紫定色紫，其价高于白定"，但从出土器物当中看，特别是定窑发掘没有发现紫定，造成这种现象的原因有两种说法，一是紫定瓷器比较珍贵，在当时烧造比较少，二是在历史上《格古要论》所认为的紫定实际上是另外一种瓷器，或许是酱釉、褐釉等的变体。目前人们还是偏重于第一种说法，认为《格古要论》所述是可信的，只不过是由于数量少，没有发现而已。建窑中的紫建确实有见，在文献中也常被提及，看来应存在这样紫色的器皿。由此可见，我们所见到的紫釉瓷器有很多都不是很纯正意义上的紫色，直到明代景德镇窑我们才看到真正意义上纯正的紫釉瓷器（图3-9）。鉴定时应注意分辨。

▲图3-9 紫釉瓷罐局部 清代

2、从时代上看，中国古代紫、缸胎、兔毫、油滴釉瓷器在时代特征上比较明确。根据文献记载，以宋代的紫建和定窑的紫定为显著特征，明清时期也生产有一些紫色的瓷器，但是数量不是很多，在水平上也达不到宋代建窑和定窑的水平，明清时期的紫釉瓷器较为普及，很多紫色的瓷器都是由民窑所烧造。鉴定时应注意分辨。

3、从窑口上看，紫釉瓷器在窑口特征上比较明显，可以说在宋元明清时期诸多的窑场都有烧造，但在水平上不是很高，传说中的紫定、紫建瓷器很少见（图3-10），这一点我们在鉴定时应注意分辨。

4、从光泽上看，中国古代紫、缸胎、兔毫、油滴釉瓷器的光泽多数较为鲜亮，淡雅、柔和，有一定的油性光泽，多数通体闪烁着非金属的油性光泽。鉴定时应注意分辨。

▲图 3-10　紫釉瓷罐　清代

5、从精致程度上看，中国古代紫、缸胎、兔毫、油滴釉瓷器中的紫釉与精致程度的关系比较密切，如紫定和紫建都是最为精致的瓷器，在釉色上达到了紫色的一个极致（图3-11），只不过这样的瓷器太少见了，多数是一些普通，甚至是粗糙的紫釉瓷器，伴随着紫、褐、黄等衍生色彩的出现，略有偏色和色彩不稳定的现象。鉴定时应注意分辨。

▲图 3-11　紫釉瓷器标本　清代

茄皮紫釉

背景信息：茄皮紫釉在中国古代紫、缸胎、兔毫、油滴釉瓷器中时常有见，但是数量不是很多，一般的墓葬当中很少见（图 3-12），一些等级较高的墓葬当中有见，但多为几件，从总量上看比较少，茄皮紫釉在工艺上达到了相当高的水平，色彩在紫釉的基调下变化绚丽多彩，美不胜收。鉴定时应注意分辨。

▲图 3-12　洁白胎茄皮紫釉瓷器标本　清代

鉴定要点：

1、从色彩上看，茄皮紫釉在色彩上就如同它的名字一样，像是茄皮的色彩，非常鲜明。茄皮紫釉是紫色烧造成功的一个标志，通常茄皮紫釉在釉内以锰为主要着色剂，是一种低温釉，色彩有时候会偏向蓝色，如淡紫、紫中泛蓝等色都时常有见，由于是以人们生活当中常见的茄色为模仿，所以与人们的距离很近，十分亲切。鉴定时应注意分辨。

2、从时代上看，茄皮紫釉时代特征非常明确，是明清时期的专有产品，茄皮紫釉烧造成功于明代弘治朝，嘉靖、万历朝的茄皮紫釉较为兴盛，万历至清初茄皮紫釉在生产的过程当中经历了一些坎坷，这主要与朝代更迭宫廷官窑瓷器的烧造整体水平降低有关（图 3-13），但康熙、雍正、乾隆三朝茄皮紫釉的烧造又一次由低潮走向高潮，精品力作不断，不过清三代以后茄皮紫釉的生产在工艺及烧造态度上都有所下降，这一点我们在鉴定时应注意分辨。

▲图 3-13　洁白胎茄皮紫釉瓷器标本　清代

3、从窑口上看，茄皮紫釉的窑口特征十分明显，为景德镇窑所独享，有一些是在景德镇烧造，而通常是在景德镇先烧制白瓷，然后拿到清宫造办处再次进行烧造，实际上造办处从某种意义上讲也可以纳入景德镇窑的范畴，或者说并不能脱离景德镇窑的影响。茄皮紫釉在明清时期由于是宫廷的用具，因此名气很大，民间诸多窑场都在仿烧茄皮紫釉，但仿烧的效果大多不是很好。鉴定时应注意分辨。

4、从光泽上看，茄皮紫釉在光泽特征上十分明确，光泽以鲜亮为主，非金属的光泽，有一些油脂性的光泽，但由于色彩的渐变性，如紫中泛蓝釉显然就是紫釉当中向淡紫色偏移,这样的色彩就使得色彩本质较为光亮的紫釉色彩变得淡雅柔和、鲜丽，再加上釉质比较肥厚，所以整个看上去茄皮紫釉上的多数瓷器闪烁着柔美淡雅的光泽。

5、从精致程度上看，中国古代紫、缸胎、兔毫、油滴釉瓷器中的茄皮紫釉与精致程度关系非常明确，主要出现了两极化的特征，一是景德镇窑生产的宫廷瓷器，这样的瓷器在精致程度上由于不计工本烧造，多数为精致瓷器。另外一极就是一些普通，甚至是粗糙的紫釉瓷器，数量非常多，主要以民间土窑烧造为显著特征，鉴定时应注意分辨。

第四章 窑口

建窑

▲图 4-1 精美绝伦的建窑兔毫釉瓷碗 宋代

1、概况。建窑是创烧中国古代紫、缸胎、兔毫、油滴釉瓷器中油滴釉及兔毫釉瓷器的窑场，成就极大（图 4-1），以生产茶具而闻名，但建窑是一个民窑，除了茶具以外还生产碗、盘、碟、壶、罐、灯盏等，都是人们日常生活当中的用具。建窑的兔毫、油滴釉瓷器在同时期影响极大，诸多窑场都在仿烧它，如著名的吉州窑在当时也在仿烧建窑兔毫釉瓷器，其他的窑口也是这样，如临汾窑、定窑等等都有生产，为宋元时期最重要的瓷窑场之一。鉴定时应注意分辨。

▲图 4-2 建窑兔毫釉瓷碗（底部） 元代

2、数量。中国古代油滴、兔毫釉瓷器在数量上十分丰富，可以说建窑瓷器中的多数器皿都是窑变的色彩，从本质上看还是以黑釉瓷器为显著特征，但从效果上看多少会带有一些兔毫及油滴釉的色彩；从墓葬和遗址出土的情况来看，墓葬多见1到2件（图 4-2），遗址内数量最为丰富，如窑址上可见到成千上万件，城址上发现的数量更多，由此可见，其在数量上是非常的丰富。鉴定时应注意分辨。

3、窑址。建窑的窑址在今天福建省的建阳县，目前窑址已经发现，与文献记载基本吻合，从唐五代时期直至明清时期都有烧造，精致油滴釉及兔毫釉烧造的年代主要是宋代，普通和粗糙器皿烧造年代一直延续到元末明初时期。鉴定时应注意分辨。

4、窑系。中国古代建窑瓷器以兔毫、油滴釉瓷器而驰名中外，生产茶具和日常生活用具，以茶具的质量为最好，日常生活用具在质量上多为普通和粗糙的器皿。建窑瓷器产量很大，在当时基本上是“通销全国”（图4-3），各个窑场也都有烧造，如兔毫、油滴釉的瓷器许多窑场都有烧造，定窑、鹤壁窑等都有烧造，吉州窑也有烧造，但是最终建窑瓷器未像定窑那样形成巨大的窑系。鉴定时应注意分辨。

5、时代。建窑瓷器的烧造在唐五代时期就已经开始，兔毫、油滴釉瓷器的烧造主要是在宋代，宋元时期都非常流行，至元末明初已衰落。这一点我们在鉴定时应注意分辨。

▲图 4-3　建窑油滴釉黑瓷标本　宋代

6、精致程度。中国古代建窑兔毫、油滴釉瓷器在精致程度上有两极化的趋势，一种是较为精致者，如兔毫盏，宫廷用的兔毫盏做工精致、精美绝伦，震撼人心(图4-4)；另外还有一些就是普通的茶具和日常生活用具，这些器皿以普通和粗糙的情况为显著特征，过于精致者基本不见。鉴定时应注意分辨。

▲图 4-4　精致建窑兔毫釉黑瓷标本　宋代

7、器形。建窑兔毫、油滴釉瓷器在器物造型上十分丰富，常见的主要有碗、盘、碟、执壶、灯盏、瓶、罐等，其中以兔毫盏和油滴天目盏最为有名；从绝对数量上看，以碗数量为最多，占整个建窑瓷器大部，其次是盏，而且盏的精致程度最好。鉴定时应注意分辨。

8、纹饰。中国古代建窑中的兔毫、油滴釉瓷器在纹饰上很弱，主要是以窑变形成的自然条状、油滴状的纹理为显著特征（图 4–5），但这并不是人工刻画上去的纹饰，这主要与建窑瓷器重釉质不重纹饰的习俗有关。从客观上讲，黑釉瓷器即使刻画上纹饰，浓重的釉色也会使纹饰黯然失色。鉴定时应注意分辨。

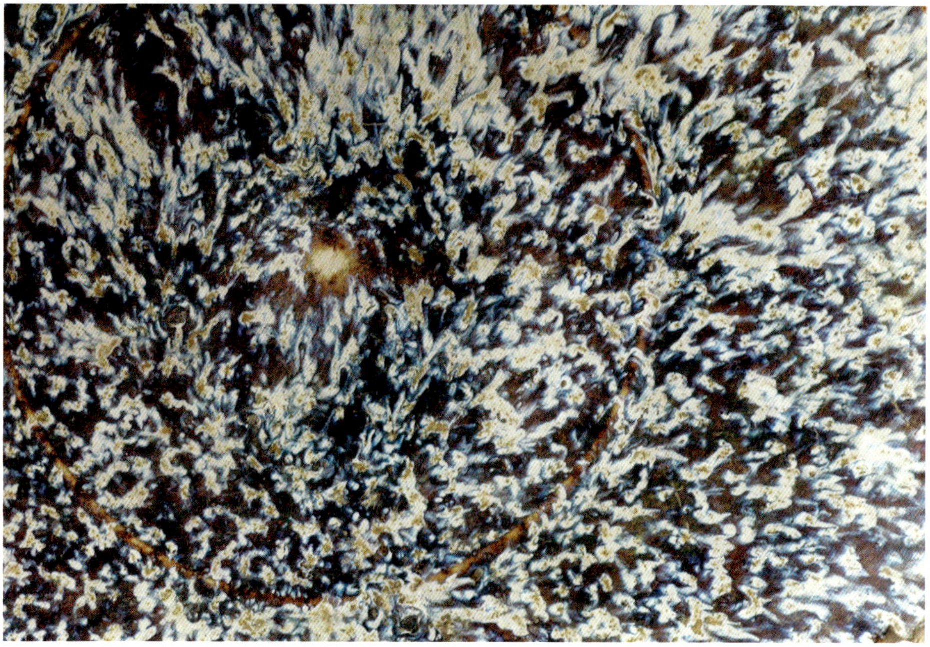

▲图 4–5　建窑兔毫纹标本　元代

9、釉质。建窑兔毫、油滴釉瓷器主要以釉质取胜，这一点是显而易见的，烧制出了精美绝伦的兔毫釉、油滴釉瓷器，兔毫釉呈现出条状和鱼鳞状的斑块，像射线一样由内向外延伸，看上去像兔子的毫毛一样，非常的震撼人心，这种釉质在当时就受到人们的喜爱。油滴釉瓷器的本质特征是一种窑变花釉而呈现出油滴状的结晶，在黑釉瓷器上闪烁着银光，非常具有震撼性。兔毫及油滴釉瓷器在釉质上避免了很多的缺陷，如釉质上的杂质、釉质的厚薄程度，均匀程度都比较好，通体闪烁着淡雅的非金属光泽，其纯美程度可谓是亦真亦幻，美不胜收。

10、胎质。建窑瓷器在胎质上选料多精致，高岭土和泥质胎体都有见，但是以高岭土胎为显著特征，淘洗精炼，胎质致密、坚硬，胎色比较稳定（图4-6），以青、灰、褐等衍生色彩为显著特征，胎内杂质比较少见。总的来看就是胎质以精细胎为主，相当多建窑瓷器胎体均匀、细腻，达到了较高的水平。鉴定时应注意分辨。

▲图4-6　建窑兔毫釉瓷器标本　元代

11、影响。兔毫、油滴釉瓷器的影响是深远的，而且跨越了国界，对日本、朝鲜等国的影响十分深远，在当时用于外销的瓷器也比较多，今天留下的许多较为精致的宋代建窑瓷器都是在日本及国外发现的。从使用人群上看，无论是帝王将相还是平民百姓都有使用，特别是兔毫及油滴釉盏显然用于斗茶；从时代上看，兔毫及油滴釉瓷器影响到了元明时期油滴及兔毫釉的生产（图4-7），包括清代也有少量生产，直到今天人们对于兔毫及油滴釉瓷器依然是非常喜欢。鉴定时应注意分辨。

▲图4-7　局部有窑变风格的紫釉瓷器标本　清代

定窑

1、概况。定窑是继唐代邢窑之后兴起的又一个规模庞大的以生产白瓷为主的窑场，为宋代五代名窑之一，并形成了巨大的窑系。定窑除了生产白瓷以外（图4-8），同时也生产紫定、黑定等瓷器，不过黑定瓷器借鉴了许多建窑茶盏的特点，同时定窑也烧造一些油滴、兔毫釉瓷器，鉴定时应注意分辨。

▲图 4-8　定窑白瓷碟　宋代

2、数量。定窑生产的紫定、黑定、油滴釉瓷器在数量上非常有限，不是很多，主要以搭烧的方式进行（图4-9），墓葬和遗址当中所见甚少，不是所有的墓葬当中都随葬有紫定和黑定瓷器，而是绝大多数墓葬当中没有，只有少量的墓葬和遗址当中有见，鉴定时应注意分辨。

▲图 4-9　黑定瓷器标本　宋代

3、窑址。定窑的窑址在河北省曲阳县一带，因曲阳在唐时属定州故为定窑，其窑址的发现与历史记载基本吻合。在窑址上发现了大量白瓷及一些黑定瓷器，但是紫定瓷器的数量很少，由此可见，定窑主要是仿烧建窑瓷器中的茶具，由此我们也可以看到定窑在制瓷技术上相当高超，它不仅仅烧造白瓷，而且还烧造有与白瓷相对立色彩的诸多色釉瓷器。鉴定时应注意分辨。

4、窑系。中国古代定窑形成了巨大的窑系，以河北曲阳县为中心向全国扩散，全国各地都有定窑系的窑场，这些窑场当中也都有见生产紫、黑定包括油滴釉的产品，不过就是数量很少（图4-10）。通过发掘报告我们可以看到有一些不是很大的窑场，在黑定的生产上可能一个窑场只能出土几件器物，甚至1件黑定。由此可见，定窑瓷器所生产的兔毫及油滴釉瓷器、紫定、黑定瓷器在数量上非常少，因此定窑虽然形成了巨大的窑系，但在黑瓷的产量上并不高。鉴定时应注意分辨。

▲图4-10　定窑油滴釉瓷器标本　宋代

5、时代。定窑紫定及兔毫、油滴釉瓷器在时代特征上比较明显，宋元明清等历史时期都有见，但是以宋代为显著特征，宋代达到了最为精致的时期，元明时期及清代都有见，但一个是数量少，另外一个方面是在质量上不是很精致。鉴定时应注意分辨。

6、精致程度。中国古代定窑瓷器中的紫定、黑定，仿烧兔毫、油滴釉的瓷器在精致程度上多数比较好，主要以精致瓷器为主（图4-11），普通和粗糙的瓷器很少见。从时代特征上看主要以宋代为显著特征。鉴定时应注意分辨。

7、器形。定窑生产的紫定、兔毫及油滴釉瓷器在器物造型上十分明确，以茶具为主，主要以碗、罐、执壶等为常见，其他的器皿也有见，只是数量比较少。从数量上看，主要以盏的数量为最多，这一点我们鉴定时应注意分辨。

▲图 4-11　定窑油滴釉瓷器标本　宋代

▲图 4-12　仿定窑紫定瓷器标本　明代

▲图 4-13　胎内仅有轻微杂质定窑油滴釉瓷器标本 宋代

8、纹饰。定窑紫定或黑定瓷器主要以釉色取胜，以自然或窑变的色彩来征服人们的视线，吸引人们的眼球，并不是以传统的刻划纹为主要装饰手法，如花卉、禽鸟等纹饰题材都很少见，这一点我们在鉴定时要注意分辨。

9、釉质。定窑的紫釉显然是仿烧建窑的产品，以釉质取胜，兔毫釉及油滴釉瓷器烧造得非常精致（图 4-12）。紫定瓷器虽然很少见，但是从文献上看也是非常精致，由此可见，釉色渐变、无通透感、通体闪烁着油脂性的光泽，非常纯美淡雅，件件都是精美绝伦之器。

10、胎质。定窑紫定和黑定在胎质上十分讲究，选料精良、淘洗精炼，而不精炼者少见，胎内杂质不是很严重，以轻微杂质为显著特征（图 4-13），多数为星星点点状的杂质，胎色以灰、褐、青色等衍生色彩为显著特征，胎体变形、厚薄均匀程度的状况基本上比较好，以精细胎为显著特征，可见定窑无论是紫定还是黑定瓷器在胎质上都达到了相当高的水平。鉴定时应注意分辨。

11、影响。定窑兔毫、油滴釉瓷器影响十分深远，它的影响在于它精美绝伦的程度给人们留下了深刻的印象，被历代文人所推崇，定窑烧造的建窑瓷器当中的兔毫、油滴釉瓷器，包括紫建瓷器，有对建窑的借鉴，但更多的是昭示宋代五代名窑之一的定窑高超的制瓷技术，可以说很多非常有名的茶具，在宋代是由定窑完成的，但是它的创烧都是在建窑，鉴定时应注意分辨。从地域上看，黑定全国各地都有见；从使用阶层上看，无论达官贵人还是平民百姓都有使用。总之，其影响十分深远（图 4-14），直到我们现在生产的紫釉、油滴釉瓷器依然受到定窑和建窑瓷器的影响。

▲图 4-14　仿定窑紫釉双系罐　清代

景德镇窑

1、概况。著名的景德镇窑在明清时期烧造出了中国古代紫、缸胎、兔毫、油滴釉瓷器当中的茄皮紫釉。紫釉是很难烧造的，从发掘情况来看，真正意义上的紫釉在明代才得以烧造成功。传说中的定窑的紫定，由于实物很少，我们无法判断它的水平究竟达到什么样的高度，相信紫定瓷器一定存在，可能偶见性比较大，但是景德镇窑烧制的茄皮紫釉是一种比较成熟的釉质。我们知道，景德镇在元明清时期成为中国的瓷都，烧造成功了著名的青花瓷器、茄皮紫釉等瓷器，茄皮紫釉为低温釉的一种，它以锰为着色剂，色泽鲜丽，精美绝伦。鉴定时应注意分辨。

▲图 4-15　景德镇窑洁白胎茄皮紫釉瓷器标本　清代

2、数量。景德镇窑生产的茄皮紫釉在数量上不是很多，因为官窑瓷器一般来讲都非常的有限，但是景德镇窑在做工上相当的精致，墓葬当中多见 1 到 2 件，遗址当中很少见（图 4-15）。当然，同时期还有民窑仿烧的茄皮紫釉瓷器，在墓葬和遗址当中都有见，不过在烧造质量上并不是很好。

3、窑址。景德镇窑的窑址发现很多，但茄皮紫釉的生产主要以官窑生产为显著特征。鉴定时应注意分辨。

4、时代。景德镇窑生产茄皮紫釉的时代特征非常明确，以明代弘治朝为显著特征，弘治朝之前没有见到过茄皮紫釉，嘉靖、万历时期的茄皮紫釉产量比较多，而且在工艺上都有所发展，万历至清康熙、雍正、乾隆朝都有生产，康、雍、乾时期的茄皮紫釉在工艺及水平上达到相当高的水平，之后有所衰落。鉴定时应注意分辨。

5、精致程度。景德镇窑在精致程度上非常好，多数瓷器都是精致的瓷器，很少见到普通和粗糙的瓷器。鉴定时应注意分辨。

6、器物造型。茄皮紫釉在器物造型上比较丰富，碗、盘等都有见。由于是低温烧造，碗（图4-16）、盘、瓶、罐等都有见。由于低温烧造，其色泽更加鲜丽，所以茄皮紫釉以观赏用器为显著特征。鉴定时应注意分辨。

▲图 4-16　景德镇窑洁白胎茄皮紫釉瓷器标本　清代

7、纹饰。景德镇窑茄皮紫釉以釉质取胜，以釉质的纯正程度及茄皮的色彩为显著特征。鉴定时应注意分辨。

8、釉质。景德镇窑茄皮紫釉在釉质上达到了相当高的水平，在烧造态度上极其认真，人们看到这样的色彩眼球会立刻被它吸引过去，色泽并不是单一的色板一样的颜色，而是在紫色之下有微小的变化，如紫中泛蓝、淡紫、颜色深一点的紫色等都有见，鉴定时应注意分辨。总之，在色彩上达到了相当高的水平，油性光泽强烈，多数通体闪烁着非金属的光泽。

9、胎质。景德镇窑所生产的茄皮紫釉在胎质上非常精致，胎釉结合良好，瓷化程度较高，基本上不见胎质变形的现象，胎质选料优良，不计工本地烧造，精益求精。实际上茄皮紫釉在胎体上不是很复杂，与官窑器有着异曲同工之妙。鉴定时应注意分辨。

10、影响。景德镇窑生产的茄皮紫釉影响十分深远，这种釉色不仅在宫廷之内非常流行，而且老百姓也非常青睐，同时期仿烧景德镇窑茄皮紫釉的窑场成千上万，很多仿烧的茄皮紫釉瓷器被烧造出来，流传到现在，所以我们很容易看到仿烧茄皮紫釉的器皿，但是没有真正宫廷所烧造的好，由此可见，茄皮紫釉的影响十分深远。

第五章 造型

第一节 口部

敞口

背景信息：敞口的造型比较丰富，如建窑的黑釉茶盏多数都是敞口的造型（图5-1），中国古代紫、缸胎、兔毫、油滴釉瓷器当中敞口的器物造型可以说是占据着主流地位。鉴定时应注意分辨。

▲图 5-1　敞口兔毫釉黑瓷标本　宋代

鉴定要点：

1、从器形上看，敞口的造型在中国古代紫、缸胎、兔毫、油滴釉瓷器当中十分普遍，如碗、盘、碟、盏等的造型都有见，很多都是敞口的造型，另外，还有执壶、罐、灯、灯盏、炉、钵等也都有可能是敞口的造型，其中以碗、盏、盘等造型敞口者最为常见，从数量上看以碗的造型为最多。鉴定时应注意分辨。

2、从衍生造型上看，中国古代紫、缸胎、兔毫、油滴釉瓷器当中敞口造型的衍生性很强，如大敞口、小敞口、微敞口等都有见，其中以大敞口者比较多见，如建窑的兔毫和油滴釉盏，在造型上就比较张扬，以大敞口者居多，这也是为了适应斗茶斗美的需要，从第一视觉上要让人们感受到它的美。鉴定时应注意分辨。

3、从功能上看，中国古代紫、缸胎、兔毫、油滴釉瓷器敞口的造型在功能上有利于盏、碗等的散热功能，尤其是茶具，一般情况下散热一定要好，这种特性逐渐演变成一种思维定式，就是在碗、盏等器皿之上中国古代紫、缸胎、兔毫、油滴釉等瓷器常见有敞口的造型。鉴定时应注意分辨。

4、从流行程度上看，敞口的中国古代紫、缸胎、兔毫、油滴釉瓷器非常流行，可以说贯穿于中国古代紫、缸胎、兔毫、油滴釉瓷器的始终（图 5–2），从唐代到明清时期都有见。

▲图 5–2　敞口油滴釉瓷碗　宋代

敛口

背景信息：敛口的概念很明确，就是口部有一个向内敛的过程（图 5-5），许多口部特征都可以囊括在敛口的范畴之内，如圆口、方口、长方形口、椭圆形口、花口等等都有见。由此可见，敛口的造型在中国古代紫、缸胎、兔毫、油滴釉瓷器当中数量也是非常的丰富。鉴定时应注意分辨。

▲图 5-5　敛口紫釉瓷盒　明代

鉴定要点：

1、从器形上看，中国古代紫、缸胎、兔毫、油滴釉瓷器敛口者比较常见，如碗、盘、盏、熏炉、钵、瓶等等都有见，可见器物造型非常丰富，其中以钵、瓶等的造型最为常见；但从数量上看，仍然是以碗的数量为最多。由此可见，中国古代紫、缸胎、兔毫、油滴釉瓷器在功能上的确是以实用为主。鉴定时应注意分辨。

2、从衍生造型上看，中国古代紫、缸胎、兔毫、油滴釉瓷器敛口的衍生性造型也比较丰富，如微敛口（图 5-6）、近敛口、敛口较甚、大敛口、小敛口等都常见，可见敛口的造型实际上也是在不断的探索中发展。中国古代紫、缸胎、兔毫、油滴釉瓷器当中敛口的造型虽然不多，不如侈口和敞口丰富，但是从衍生性造型上看还是比较丰富。鉴定时应注意分辨。

▲图 5-6　微敛口缸胎瓷执壶　宋代

3、从功能上看，中国古代紫、缸胎、兔毫、油滴釉瓷器的敛口在功能上很明确，它对于散热不是很好，但是敛口的幅度一般都很小，如碗上的敛口幅度不是很大，基本上也不会有太大的影响，只是视觉上的一场盛宴。鉴定时应注意分辨。

4、从流行程度上看，敛口的中国古代紫、缸胎、兔毫、油滴釉瓷器在流行程度上比较广，从地域上“通销天下”（图 5-7），从使用阶层上各个阶层都在使用。鉴定时应注意分辨。

▲图 5-7　紫釉瓷盒　明代

直口

背景信息：中国古代紫、缸胎、兔毫、油滴釉瓷器直口的造型并非是笔直造型，实际上只是一场视觉的盛宴，主要是以人们的视觉为判断标准，在形制上只是一个大致的概念，并没有尺寸意义上的标准。直口的形制比较广泛，如圆口、长方形、正方形、四方口、正方形口、椭圆口等都可以包含在直口的范畴之内。

鉴定要点：

1、从器形上看，中国古代紫、缸胎、兔毫、油滴釉瓷器直口在器形的选择上比较广泛，如碗、杯、盒、瓶（图 5-8）、罐等都有见，但从比例上看，主要以盒、杯、瓶等为多见。鉴定时应注意分辨。

▲图 5-8　微直口酱紫釉瓷瓶　明代

2、从衍生造型上看，直口的衍生性造型非常丰富，如近直口、微直口、直口微侈、大直口、小直口等都有见，判断的主要标准为视觉，而不是仅仅依靠数据。鉴定时应注意分辨。

3、从功能上看，中国古代紫、缸胎、兔毫、油滴釉瓷器在功能上比较复杂，有的时候是以装饰为先导，如实用性的酒瓶，小口主要是为了盛酒或栓塞的方便（图 5-9），所以将其制作成小口，还有一些就是以装饰性为主的花瓶，以及陈设用的器瓶，主要是以装饰性为先导，它的口部会做得比较矮或是比较高，目的就是为了吸引人们的眼球，以装饰为先导。鉴定时应注意分辨。

4、从流行程度上看，中国古代紫、缸胎、兔毫、油滴釉瓷器直口在流行程度上较广，很多墓葬和遗址当中都有发现，不同时代和窑口当中也有发现。从地域上看可以说是“通销天下”，从使用阶层来看，各个阶层都有使用，鉴定时应注意分辨。

▲图 5-9　直口紫釉瓷灯　清代

子母口

背景信息：中国古代紫、缸胎、兔毫、油滴釉瓷器当中的子母口在概念上比较简单，就是有一个子口和母口扣合的过程（图5-10），这种器物造型对于器形的选择要求比较严格。从数量来看，中国古代紫、缸胎、兔毫、油滴釉瓷器子母口的造型还是比较多。鉴定时应注意分辨。

▲图 5-10　子母口缸胎执壶　宋代

鉴定要点：

1、从器形上看，中国古代紫、缸胎、兔毫、油滴釉瓷器当中对于器物造型的选择是固定的，常见造型如炉、罐、瓶等都比较常见，与子母口的关系十分密切，其中以盒的比例为最高，缸胎瓷器如唐代盛行的三足炉都是盖体结合的子母口，紫釉瓷器如宋元、明清时期的盒、罐等都比较常见，兔毫及油滴釉瓷器当中的盒、瓶等也比较多见。由此可见，子母口对于中国古代紫、缸胎、兔毫、油滴釉瓷器当中器物造型的选择还是比较广泛的。鉴定时应注意分辨。

2、从衍生造型上看，子母口造型在衍生性上并不是很强，因为子母口有一个子口和母口扣合的过程（图 5-11），同时这也是源泉，如果缺失了这样的一个功能，许多器皿可能就不存在了，更谈不上在造型上的衍生。这一点我们在鉴定时应注意分辨。

▲图 5-11　子母口缸胎执壶　宋代

▲图 5-12　子母口缸胎执壶　宋代

3、从功能上看，中国古代紫、缸胎、兔毫、油滴釉瓷器在功能上十分明确，主要是以实用的功能为主，同时兼顾装饰的功能，如兔毫、油滴釉的瓷盒，主要是一种实用器，但兼顾有装饰的功能，看起来非常漂亮，显然具有装饰性的功能，一些瓶、罐、炉同样是集实用和装饰的功能为一体。鉴定时应注意分辨。

4、从流行程度上看，中国古代子母口的紫、缸胎、兔毫、油滴釉瓷器在历史上非常流行，几乎贯穿于中国古代紫、缸胎、兔毫、油滴釉瓷器的各个发展阶段（图 5-12）；从使用阶层上看，无论是宫廷还是普通百姓之家都有使用。鉴定时应注意分辨。

大口

背景信息：中国古代紫、缸胎、兔毫、油滴釉瓷器直口的造型并非是笔直造型，实际上只是一场视觉的盛宴，主要是以人们的视觉为判断标准，在形制上只是一个大致的概念，并没有尺寸意义上的标准，直口的形制比较广泛，如圆口、长方形、正方形、四方口、正方形口、椭圆口等都可以包含在直口的范畴之内。

鉴定要点：

1、从器形上看，大口的中国古代紫、缸胎、兔毫、油滴釉瓷器在器物造型上是无所不包，常见的有碗、盘、碟、盆、盏、罐、瓶、执壶等造型（图 5-13），都有可能是大口的造型。由此可见，大口的造型真的是十分丰富，但一些瓶的造型多为小口。这一点我们在鉴定时应该注意分辨。

▲图 5-13　大口油滴釉瓷碗　宋代

2、从衍生造型上看，大口的造型在衍生性上比较复杂，从狭义的概念上看它应该是没有衍生性造型，但是从广义上讲它的衍生性应该非常多，就是在大口范畴之内有非常多微小的造型变化，都应该属于其衍生性的造型。鉴定时应注意分辨。

▲图 5-14　大口兔毫釉瓷器标本　元代

3、从功能上看，大口的中国古代紫、缸胎、兔毫、油滴釉瓷器在功能上十分明确，多数为盛器，如碗、盘、碟等，多为人们生活中的餐具（图 5-14），在功能上主要以实用为显著特征，兼具有装饰的功能，较为典型的如建窑当中较为精致的兔毫釉盏，它的口部相当大，以至于底部与口部相比显得非常小，这样的口部造型显然是为了吸引人们的眼球，这实际上是一种取意的装饰手法。鉴定时我们应注意分辨。

4、从流行程度上看，大口的中国古代紫、缸胎、兔毫、油滴釉瓷器在历史上十分常见，墓葬和遗址当中基本上都有见。由此可见，其在流行程度上是非常广泛。鉴定时应注意分辨。

小口

背景信息：小口的中国古代紫、缸胎、兔毫、油滴釉瓷器从概念上看比较容易理解，就是口部比较小的造型，但它主要是相对于大口而言的，小口主要是相对它的造型，显然为视觉上的盛宴，并没有尺寸上的标准（图 5-15）。判断的标准主要是根据人们的视觉而定，它所囊括的口部特征也非常多，如圆口、长方形口等各种口部特征都可以囊括在内。鉴定时应注意分辨。

▲图 5-15　小口紫釉瓷器标本　清代

鉴定要点：

1、从器形上看，小口的中国古代紫、缸胎、兔毫、油滴釉瓷器在器物造型的选择上主要是以瓶、盂、罐、壶为多见。从绝对数量上讲，主要以瓶为最多，盂也比较常见，还有一些少量的唾壶，口部多数都是小口。由此可见，小口的出现只是在特定的器物造型上出现，不可能是一个盘的口部特征是小口，或一个碗的口部是小口，这是不可思议的事情，这一点我们在鉴定时要注意分辨。由此可见，小口从本质上讲是非常具有逻辑性的，如果我们从市场上看到不符合逻辑的小口造型，它显然是伪器。鉴定时应注意分辨。

2、从衍生造型上看，小口的中国古代紫、缸胎、兔毫、油滴釉瓷器在衍生性上比较复杂。同大口一样，从宏观上看它没有衍生性造型（图 5-16），小口就是小口，只能说有各种各样的小口，但是从微观上看，任何微小的变化都属于其衍生造型的范畴。鉴定时应注意分辨。

▲图 5-16　小口紫釉瓷器标本　清代

3、从功能上看，中国古代紫、缸胎、兔毫、油滴釉瓷器所具有的功能显然是实用与装饰的融合，如这个紫釉的瓶，它的腹部比较大，包括肩腹部都较为丰满，一直是通过深腹达到它的底足部分，然后整个口部非常细，口部很小，基本上为小直口的造型。这样的造型显然也是为了达到以造型为美的目的，有装饰性的效果，但多数情况下小口的瓶都是一些实用的器皿，因为中国古代紫、缸胎、兔毫、油滴釉瓷器多数都是实用的器皿。鉴定时应注意分辨。

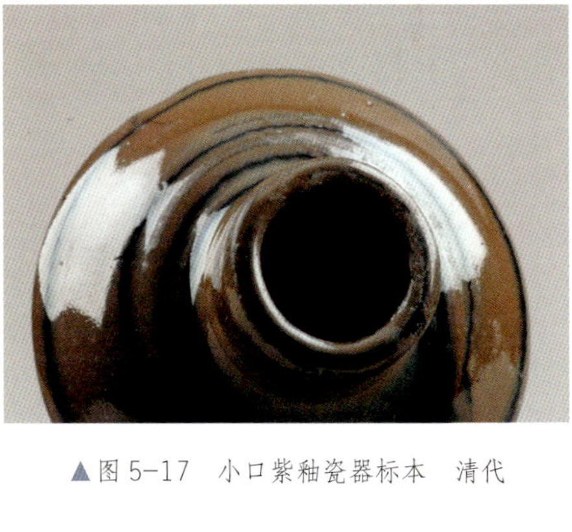

▲图 5-17　小口紫釉瓷器标本　清代

4、从流行程度上看，中国古代紫、缸胎、兔毫、油滴釉瓷器流行程度非常广，从地域上看销售广及全国（图 5-17）；从使用阶层上看，无论宫廷还是市井都有见；从时代上看，贯穿于中国古代紫、缸胎、兔毫、油滴釉瓷器的整个发展史，影响较为深远。鉴定时应注意分辨。

撇口

背景信息：中国古代紫、缸胎、兔毫、油滴釉瓷器撇口的造型在概念上比较容易理解，就是口部有一个向外撇的过程，撇口的内容比较丰富，各种口部造型都有可能被囊括在其中，常见的如侈口、敞口以及各种各样不规则的口部特征，都有可能是撇口的造型。这一点我们在鉴定时应注意分辨。

鉴定要点：

1、从器形上看，撇口的中国古代紫、缸胎、兔毫、油滴釉瓷器比较丰富，常见的有碗、盏（图 5-18）、盘、碟等，出现的频率比较高，其中以盏、碗、盘等器皿出现的频率为最多，有一些兔毫盏特别明显，就是较为精致的兔毫盏，当它的口部到达最顶点时突然有一个向外的大撇口，这样做的目的主要是为了造型取胜的需要。鉴定时应注意分辨。

▲图 5-18　撇口兔毫釉盏　宋代　林业

2、从衍生造型上看，撇口的中国古代紫、缸胎、兔毫、油滴釉瓷器在衍生性上具有一定的丰富性，如口沿外撇、外撇较深、近撇口等等，有着诸多的撇口衍生造型，但一般情况下都不会超出撇口的范畴。这一点我们在鉴定时应注意分辨。

3、从功能上看，紫、缸胎、兔毫、油滴釉瓷器比较明确，多数以装饰性的功能为先导，兼具实用性的功能，如较为精致的兔毫釉的盏，那么在它向外大撇口的同时，也向人们展示着它的造型之美(图5-19)，同时这种盏又不失实用器皿的功能，这就是中国古代紫、缸胎、兔毫、油滴釉瓷器在造型艺术上的朴实之美。

4、从流行程度上看，中国古代紫、缸胎、兔毫、油滴釉瓷器撇口的造型在流行程度上非常广，各个时代、不同的窑口都有烧造，总量比较大，对于其他器物的造型有一定的影响，如黑釉瓷器上也出现有比较大的撇口造型，这显然是借鉴了建窑兔毫盏的造型。鉴定时应注意分辨。

▲图5-19 撇口紫釉瓷壶 明代

第二节 唇部

1、从种类上看，中国古代紫、缸胎、兔毫、油滴釉瓷器在唇部特征上十分丰富，常见的主要有圆唇、方唇、尖唇（图 5-20）、尖圆唇、撇唇、薄唇、厚唇等造型，当然这绝不是中国古代紫、缸胎、兔毫、油滴釉瓷器在唇部造型上的全部，不过这些唇部造型都比较常见。从数量上看，中国古代紫、缸胎、兔毫、油滴釉瓷器的造型以尖圆唇为主，这一点无论是紫釉还是缸胎以及兔毫、油滴釉瓷器都是这样，其次是圆唇和尖唇的造型，其他的造型则比较少见；从厚薄上看，中国古代紫、缸胎、兔毫、油滴釉瓷器的厚度特征比较复杂，紫釉和紫建瓷器在厚度特征上应该是以较薄釉为显著特征，建窑的兔毫和油滴釉瓷器在厚薄特征上主要有两种形态，一是唇部较薄，二是唇部较厚，主要以精致程度为显著特征，精致的瓷器唇部较薄，普通和粗糙的瓷器唇部则是较厚。从衍生性上看，中国古代紫、缸胎、兔毫、油滴釉瓷器都是比较强，如卷唇之下就可以衍生出外卷唇、微卷唇、卷圆唇等等，还有一种就是微内卷的唇部，几乎每种唇部造型都可以衍生出或多或少的衍生性造型，也正是这些众多的衍生性造型，组成了巍巍壮观的中国古代紫、缸胎、兔毫、油滴釉瓷器造型群，可谓是灿若星辰。鉴定时应注意分辨。

▲图 5-20　尖唇紫釉双系罐　清代

2、从数量上看，中国古代紫、缸胎、兔毫、油滴釉瓷器在数量特征上比较复杂，它们显然是不均衡的（图 5-21），存在着较大的差异性特征，如圆唇墓葬和遗址当中时常有见；而方唇在墓葬和遗址当中也有见，但数量很少，多为偶见。总之，基本的特征是不同的唇部造型拥有不同的数量特征，一般情况下尖圆唇在总量上最大，其次是圆唇，其他的唇部相对比较少，如折唇、卷唇、平唇等等，中国古代紫、缸胎、兔毫、油滴釉瓷器在数量上与其他瓷器基本相当，并没有过于规律性的特征。

▲图 5-21　尖唇缸胎瓷执壶　唐代

3、从形制上看，中国古代紫、缸胎、兔毫、油滴釉瓷器在唇部形制上看似复杂，其实非常具体，具有规律性特征，以简洁为主，无论是尖唇、圆唇还是尖圆唇的造型都是比较直观，这与中国古代紫、缸胎、兔毫、油滴釉瓷器主要为实用器的特征息息相关；从判断上看，中国古代紫、缸胎、兔毫、油滴釉瓷器在唇部造型上显然并未脱离视觉的观察，基本上是以视觉的判断为标准，为一场视觉上的盛宴；但是从种种迹象上看，中国古代紫、缸胎、兔毫、油滴釉瓷器在唇部造型上比较成熟，造型与其他特征配合默契，在形制上可以说都达到了较佳的状态，鉴定时应注意分辨。

4、从器形上看，中国古代紫、缸胎、兔毫、油滴釉瓷器在器物上特征比较明确，就是不同的唇部造型会选择不同的器物造型，如圆唇在碗、钵、盘、盏等器皿上常见（图 5-22）；方唇常在壶、盆、瓶等较大的器皿上使用；尖圆唇使用的情况最多，以碗、盘的数量比较庞大；折唇以盂、罐、钵等为主要特征；平折沿的器皿以香炉、盂、瓶等为常见，从厚薄上看主要以较厚唇为显著特征，较薄的唇部特征比较少见。总之，中国古代紫、缸胎、兔毫、油滴釉瓷器涉及的器物造型众多。而且在不同时代和窑口内这些造型有着不同的差异性，如建窑瓷器当中较为精致的兔毫、油滴釉盏，在唇部造型上主要是以尖圆唇为主，胎体较薄，造型隽永，非常的漂亮；普通和粗糙的兔毫、油滴釉瓷器显然在唇部造型上较厚，这种区别以厚唇为主要特征，我们在鉴定时应注意分辨。

▲图 5-22　近方唇紫釉瓷盒　明代

▲图 5-23　尖唇紫釉双系罐　清代

5、从功能上看，中国古代紫、缸胎、兔毫、油滴釉瓷器在功能特征上比较复杂，就是不同的瓷器会表现出不同的功能性特征，紫建、紫定瓷器主要以茶盏为显著特征，目的是为了适应人们对于斗茶的需要，讲究的是实用与装饰性的结合，因此它的唇部造型多是以尖圆唇为显著特征，其他的唇部特征比较少见，再如兔毫、油滴釉瓷器较为精致者也是以尖圆唇为显著特征，尖唇比较俊秀、挺拔（图 5-23），圆唇比较稳重，这两种造型结合起来，整个唇部造型看起来非常隽永。这样的造型被应用到了宋元时期最高档的茶具上，但是像普通和粗糙的油滴及兔毫釉瓷器在唇部造型上多是以圆唇和较厚的唇部造型为显著特征，装饰性的功能退居了次要的地位，实用的功能上升到了最主要的地位。缸胎瓷器基本上也是这样，较为精致的瓷器唇部较薄，以尖圆唇为显著特征。由此可见，中国古代兔毫、油滴釉瓷器的唇部造型基本上是以装饰和实用的结合为显著特征，但一些时候也以实用为先导，或者是以装饰为先导。这一点我们在鉴定时应注意分辨。

第三节 沿部

1、从种类上看，中国古代紫、缸胎、兔毫、油滴釉瓷器在沿部特征上比较复杂，常见的沿部特征主要有平沿、折沿、敞沿、卷沿、厚沿、薄沿、花口沿、撇沿等等（图 5-24），这些沿部造型当然并不是整个中国古代紫、缸胎、兔毫、油滴釉瓷器在沿部造型上的全部，因为这些造型都是一些基本的造型，在这些造型之下还会衍生出较多的衍生性造型，如卷沿就会衍生出微卷沿、卷沿较甚、大卷沿的造型；平沿可以是微平沿、近平沿、平沿外折、平沿微外撇、宽平沿、窄平沿等等，其他的例子不再赘举。由此可见，衍生性造型和基本造型共同组成了规模庞大的沿部造型群，可谓是种类繁多，异常的繁缛。不过从实物观察来看，这些沿部造型实际上在器物上出现的频率不是很均衡，如窄平沿相对于宽平沿的造型出现的频率小，再者如花口沿的造型在中国古代紫、缸胎、兔毫、油滴釉瓷器中数量也是相当的少，基本上处于偶见的状态，这应当与中国古代紫、缸胎、兔毫、油滴釉瓷器主要为人们日常生活当中的用具有关，所以说完全以花口为装饰的中国古代紫、缸胎、兔毫、油滴釉瓷器在数量上很少见，这一点我们在鉴定时应注意分辨。从时代上看，宋元明清等时期的各个窑场所生产的中国古代紫、缸胎、兔毫、油滴釉瓷器中各种沿部造型都有见（图 5-25），只是在数量上略有不同而已，鉴定时应注意分辨。

▲图 5-24　撇沿油滴釉黑瓷标本　宋代

▲图 5-25　折沿微外撇兔毫釉黑瓷标本　宋代

2、从数量上看，中国古代紫、缸胎、兔毫、油滴釉瓷器沿部造型在数量上是非常的明确，从均衡性特征上看，各种造型如折沿、花口沿、宽沿、平沿在比例上具有一定均衡性的特征，就是说没有哪一种沿部造型能够占到绝对的主流地位，从墓葬和遗址出土的情况看基本上也是这样。不过从沿部的厚薄上看，中国古代紫、缸胎、兔毫、油滴釉瓷器在数量上主要是以较厚的沿部为显著特征（图 5-26），以较薄的沿部造型为辅助，过于薄的沿部特征基本上不见，较厚的沿部造型主要以普通和粗糙的瓷器为显著特征，而较薄的沿部造型在精致程度上主要以精致的瓷器为显著特征，如紫定和紫釉瓷器，以及景德镇窑生产的茄皮紫釉瓷器都是这样。鉴定时应注意分辨。

▲图 5-26　较厚沿兔毫釉黑瓷标本　宋代

3、从形制上看，中国古代紫、缸胎、兔毫、油滴釉瓷器在形制上并不复杂，多数是以简洁为显著特征，就是说造型比较直观。如宽折沿的造型，就是折沿比较宽，窄折沿也非常容易理解，就是比宽折沿的造型要窄，而这种区别主要来自于人们视觉的观察，因此说中国古代紫、缸胎、兔毫、油滴釉瓷器沿部造型主要是视觉的盛宴，并没有特定的尺寸标准。其他的沿部造型基本上也是这样，非常的简洁和直观。由此可见，中国古代紫、缸胎、兔毫、油滴釉瓷器在沿部造型上已经相当的成熟，而且发现许多造型具有固定化的特征。我们在鉴定时应注意分辨。

4、从器形上看，不同的中国古代紫、缸胎、兔毫、油滴釉瓷器的唇部造型会选择特定的器物造型，这一点是无疑的，虽然沿部造型种类繁多，但这种态势非常的明显，可以说是井然有序，如平沿的造型可能主要涉及如盂、盆、瓶、壶、钵、碗等器物造型，但是以盆和盂为多见。从时代上看，宋元时期较为多见，明代也有见。而敞沿的造型则是以碗、盘、盏为显著特征，从时代上看宋元时期都比较常见，撇唇的造型主要是固定在盏上，特别是一些较大的向外撇的沿部，以较为精致的兔毫、油滴釉瓷盏为显著特征，厚沿的造型多集中在一些普通和粗糙的器皿之上，而较薄一些的多集中在较为精致的瓷器上。由此可见，中国古代紫、缸胎、兔毫、油滴釉瓷器在器物造型的选择上井然有序（图 5-27），这些特征被分类后显得非常明确，鉴定时我们应注意分辨。

▲图 5-27　窄沿外撇兔毫釉黑瓷标本　宋代

▲图 5-28　弧度自然流畅外撇沿兔毫釉黑瓷标本　宋代

5、从功能上看，中国古代紫、缸胎、兔毫、油滴釉瓷器在功能上说并不复杂，主要是以实用和装饰功能的结合为显著特征，如较为精致的兔毫釉盏从外撇沿上看，这种外撇沿实际上非常典型，普通和粗糙的茶盏沿部如果不向外撇，同样可以起到饮茶的作用，因为其口部已经比较大，底部比较小，呈斗笠型。但是较为精致的茶盏，在兔毫釉将近尾声的时候又有一个口沿向外撇的过程，弧度做得比较好，没有折的感觉，看上去非常的震撼，极大地增强了碗的体积以及视觉美感（图 5-28），总之是以装饰为先导，结合实用的功能为特征。基本上中国古代紫、缸胎、兔毫、油滴釉瓷器沿部造型在功能上是集实用与装饰性为一体的功能。鉴定时应注意分辨。

第四节 腹部

1、从种类上看，中国古代紫、缸胎、兔毫、油滴釉瓷器在腹部种类特征上非常复杂，鼓腹、折腹、弧腹、深腹、曲腹、斜腹、直腹等都有见。由此可见，腹部造型比较多，集合和借鉴了许多同时期的腹部造型。当然，这些腹部造型如果与青瓷和白瓷相比还是少了许多，如较为典型的球形腹在中国古代紫、缸胎、兔毫、油滴釉瓷器中就比较少见，这说明中国古代紫、缸胎、兔毫、油滴釉瓷器主要是以实用为主，难度较高的腹部特征很少见。但是如此丰富的腹部造型，并非每一种造型都是非常的繁荣，其出现在器物上的频率存在着差异性。中国古代紫、缸胎、兔毫、油滴釉瓷器的腹部特征主要是以鼓腹为显著特征，微鼓腹、弧鼓腹的造型比较常见，但是在精致的瓷器当中无论是紫定还是紫建、以及兔毫、油滴釉瓷器中的精品都是以斜腹为显著特征，有的腹部略微有些弧，而有很多则是像斗笠一样，呈 45 度角向外衍射（图 5-29），这样的造型在精致瓷器当中十分丰富，但明清时期的茄皮紫釉在腹部造型上并不存在以斜腹为主的特征，而是多种腹部特征并存。另外，在腹部特征上中国古代紫、缸胎、兔毫、油滴釉瓷器还表现出了较强的相互融合性，比较典型的如浅腹和深腹的造型，无论是鼓腹、折腹、敞腹、斜腹等都可以是深腹的造型，也可以是浅腹，其他的腹部特征实际上都或多或少地存在着相互的融合，这是中国古代紫、缸胎、兔毫、油滴釉瓷器最为显著的腹部特征。由此可见，中国古代紫、缸胎、兔毫、油滴釉瓷器在腹部造型上是集大成之作，尝试了相当多的腹部造型，鉴定时应注意分辨。

▲图 5-29　斗笠形斜弧腹兔毫釉盏　宋代

2、从数量上看，中国古代紫、缸胎、兔毫、油滴釉腹部造型在数量上的差异性比较大（图5-30），具有一定的复杂性。墓葬和遗址内出土的器皿多是无序的，但从这些无序的器皿上，我们可以看到各种鼓腹的造型比较多。另外就是中国古代紫、缸胎、兔毫、油滴釉瓷器主要是以深腹、斜腹、深腹、弧腹为显著特征，折腹、球形腹、曲腹等造型不是很常见，这些腹部特征受到时代和窑口的限制，不同的时代和窑口内流行的腹部造型不同，如建窑流行的是斗笠形的腹部造型，而其他时代及其他窑口在这一特征上是一个逐渐弱化的过程。鉴定时应注意分辨。

▲图 5-30　折腹紫釉瓷灯　清代

3、从形制上看，中国古代紫、缸胎、兔毫、油滴釉瓷器腹部特征在形制上以简洁为特征，鼓腹就是鼓起的腹部，鼓腹的各种衍生性造型也比较容易从视觉上进行判断，如微鼓腹、近鼓腹、弧鼓腹、大鼓腹（图5-31）、扁鼓腹、花形鼓腹、瓜棱形鼓腹、椭圆形鼓腹、不规则的鼓腹等造型，都是以视觉为判断标准。其他的腹部特征基本上也是这样，但很多做伪者不知道这一点，有时候将腹部做得过于复杂，或者是模棱两可，这实际上是违背历史的，正好可以作为一个重要的鉴定依据。再者如折腹、深腹、浅腹等造型在腹部特征上实际上比较明显，但都不是几何意义上的腹部，如直腹并不是笔直的腹部，而是视觉上的直腹，这一点我们在鉴定时应注意分辨。

▲图 5-31　鼓腹缸胎瓷罐　唐代

4、从器形上看。中国古代紫、缸胎、兔毫、油滴釉瓷器不同的腹部造型对于器物造型的选择不同（图 5-32），这一点不可置疑，如一些腹部特征基本上选择的都是一些特定的器物造型，如直腹的器物造型选择的多是盒，其他的造型如直腹的罐或者杯也有见，但数量比较少；深腹的造型有时候也是特定的，如瓶子的造型必然是深腹，罐的造型也是这样；但像盘、碟等多为浅腹的造型，这样的例子很多，就不再一一赘述，但是有一些腹部的造型融合性比较强，如弧腹的造型，它的融合性非常强，可以在碗、盘、瓶、碟、罐等等诸多器皿上出现，可以和鼓腹组成弧鼓腹的造型，也可以和斜腹组成斜鼓腹的造型，总之包容性非常强，我们在鉴定时应注意分辨。总之，我们在不同的腹部造型选择器物造型这一特征上，主要是要掌握分析问题的方法（图 5-33），因为它比较错综复杂，我们无法按条框来进行分类，即使可以分类也是没有意义的，因为面对的是不同的器物，鉴定要点也是会相应改变。

▲图 5-32　坦腹缸胎瓷碗　明代

▲图 5-33　弧腹兔毫釉黑瓷标本　宋代

5、从功能上看，中国古代紫、缸胎、兔毫、油滴釉瓷器在功能上比较丰富，可以说不同的腹部造型就是不同功能的体现，不然也不会产生如此丰富的造型，每一种造型的产生都有它的用途，如斜腹的本意是容易散热，自然在茶具上使用的比较多一些，但腹部特征发展至高级状态之后特征变得愈加复杂，有取意的成分，也就是实用与装饰的结合，如斜腹的造型有的斜腹还伴随着微弧腹，这样的造型是一个相当大的斜腹，呈 45 角衍射出去的，再加上微弧，那么整个器物的造型难度就非常高。即使这样高难度的动作，在宋代建窑兔毫釉的茶盏上也是经常有见，这显然就是为了达到一种装饰的效果，让人们从中感受和领悟到腹部所折射出的美，在具体功能上显然是为了斗茶的需要，这种盏用于饮茶的散热性等各个方面都是一流的。因此可以这样讲，中国古代紫、缸胎、兔毫、油滴釉瓷器中的许多精致瓷器在功能上主要都是装饰和实用功能的结合，这一点我们在鉴定时要注意分辨。

第五节 ◎底部

1. 从种类上看，中国古代紫、缸胎、兔毫、油滴釉瓷器在底部特征上比较简单，主要是以平底为显著特征，造成这种现象的原因也很简单，因为无论是紫釉，还是缸胎、兔毫及油滴釉瓷器在功能上显然都是以实用为主，既然是盛器，基本上都有底，而平底自然是底部造型中的最佳状态，但中国古代紫、缸胎、兔毫、油滴釉瓷器在平底的造型上比较复杂，存在着多种衍生性的特征，如从大小上看存在着大平底、小平底、普通平底的区别（图 5-34）；从平衍的程度上可以分为平底内凹、平底微凸、平衍三种情况；从微凸和内凹的程度上看，又可以分为多种衍生造型。由此可见，虽然中国古代紫、缸胎、兔毫、油滴釉瓷器在底部造型上主要是以平底为主，但是平底的造型也是非常的复杂，我们在鉴定时应注意分辨。另外，还有一些底部造型为圜底，但是在中国古代紫、缸胎、兔毫、油滴釉瓷器当中圜底的造型异常的少，基本上为偶见。鉴定时应注意分辨。

▲图 5-34　小平底兔毫釉黑瓷标本　宋代

▲图 5-35　底部平衍洁白胎茄皮紫釉瓷器标本　清代

2、从数量上看，中国古代紫、缸胎、兔毫、油滴釉瓷器中不同的平底造型在器物造型的选择上会有区别，较为典型的如建窑的兔毫和油滴釉茶盏在底部特征上都是以小平底为显著特征，大平底的情况基本上不见。另外，就是从精致程度上看，精致瓷器多是平衍的造型（图 5-35），而粗糙瓷器大多容易出现微凹和微凸的情况，这一点在鉴定时我们应注意分辨。

3、从形制上看，中国古代紫、缸胎、兔毫、油滴釉瓷器在形制特征上比较简单，主要以平底及各种衍生性的造型为主，圜底的造型比较简单，就像我们现在使用的锅底一样的造型。平沿的造型就是非常平衍，有水平的感觉；另外一些微凸的造型，这些微凸的造型看起来比较直观，如凸起比较轻微，我们就称为微凸，如果凸起比较严重，称为乳突等（图 5-36），不过通常情况下不会很严重。综上所述，我们可以看到，中国古代紫、缸胎、兔毫、油滴釉瓷器在底部形制特征上虽然以简洁为主，但是由于特征比较复杂，具有一定的复杂性。鉴定时应注意分辨。

4、从器形上看，中国古代紫、缸胎、兔毫、油滴釉瓷器底部造型器形上的特征主要体现在平底的衍生造型上，不同的衍生造型会对不同的器皿有所偏好。如小平底的造型多选择盏的造型，大平底的造型多偏向罐、瓶、盘等；从时代和窑口上看，特征不是很明显，没有过于规律性的特征，在此我们就不再赘述。

▲图 5-36　乳突明显的兔毫釉瓷器标本　元代

5、从功能上看，中国古代紫、缸胎、兔毫、油滴釉瓷器在功能上特征比较明确，主要是以实用和装饰的结合为主（图 5-37），但是多数情况下以实用为先导，装饰居于次要地位，如大平底、小平底、底部平衍等的造型，大平底的造型显然是为了实用，如圈足内平底的造型，微凹或微凸的造型等，因为它并不涉及实用，对于一些比较精致、较为讲究的瓷器来讲，微凸的造型可以做成乳突的形状，这样较为艺术化；而对于一些较为粗糙的瓷器则是直接凸起，非常的粗犷，这样的器皿显然是以实用为主导。由此可见，中国古代紫、缸胎、兔毫、油滴釉瓷器首先是在实用的前提下来进行装饰，先是实用器，其次才是艺术品。鉴定时应注意分辨。

▲图 5-37　实用与装饰融合油滴釉黑瓷标本　宋代

第六节 足部

1、从种类上看，中国古代紫、缸胎、兔毫、油滴釉瓷器在足部种类上比较丰富，常见的就有圈足、饼足、各种兽足、蹄形足、玉璧足、玉环足等等（图5-38）。由此可见，中国古代紫、缸胎、兔毫、油滴釉瓷器在足部特征上真的是异常繁缛，非常的复杂；但这些足部特征还都是一些基本的造型，并不是足部特征的全部，在这些基本造型之下还有诸多衍生性的造型，如在圈足之下就有很多衍生性造型，暗圈足、方圈足、小圈足、大圈足、高圈足、假圈足、花状圈足、喇叭形圈足等都有见。其他的足部特征也有这样的情况，或多或少都有一些衍生性造型。众多的衍生性造型再加上基本的造型，共同组成了一个巍巍壮观的中国古代紫、缸胎、兔毫、油滴釉瓷器在足部上的造型群，犹如璀璨群星，集前代各种足部特征之大成。但是从比例上看这些足部特征在数量上并不均衡，而是存在着相当大的差异性，总的来看就是圈足无论在数量上还是造型上都是最多的，其他众多的足部造型都不能与圈足媲美，如我们在众多的兔毫、油滴釉瓷器当中发现的足部造型都是一样的，那就是各种圈足的造型，其他如玉璧足和玉环足的造型有见，但是数量比较少。鉴定时应注意分辨。

▲图 5-38　圈足兔毫釉瓷器标本　元代

2、从数量上看，中国古代紫、缸胎、兔毫、油滴釉瓷器不同足部特征在数量上不同，这一点非常明确，圈足自然是最大的一个品类（图5-39），但是圈足是一个大的概念，圈足可以分为数十种衍生性圈足，仅

▲图 5-39　圈足缸胎执壶　宋代

主流的圈足造型就有 6 到 7 种，如高圈足、矮圈足、宽圈足、窄圈足等等；从圈足的数量上看，无论是紫建、紫定、茄皮紫釉，在数量上主要都是以矮圈足为主，宋代的矮圈足略宽，其他时代没有过于复杂性的特征。另外，就是一些饼形的足，包括一些玉璧足、玉环足的造型，在数量上都很少见，偶见的成分比较大；从时代上看中国古代紫、缸胎、兔毫、油滴釉瓷器足部具有鲜明的时代特征，如玉璧足和玉环足的造型在宋代建窑瓷器当中有见，它主要是受到唐代白瓷玉璧足碗的影响，由于唐宋时期这两个时代比较接近，所以受到习惯的延续，这种足部造型一直到宋代，在元明时期虽然建窑还继续有生产，但是玉璧足的黑釉茶盏在数量上已经很少见了，多数是一些圈足的茶盏等，我们在鉴定时应注意分辨。

3、从形制上看，中国古代紫、缸胎、兔毫、油滴釉瓷器足部形制特征比较明晰，无论是圈足还是饼足、蹄形足等，用我们的视觉就可以轻易地判断出来（图 5-40），而并不是几何意义上的足部造型，只不过是在造型上存在着一个与同时期相对比的情况，就是说这些足部无论是高圈足还是矮圈足它们都是相对的，都是相对于同一时期的瓷器，相对于不同的造型，如玉璧足和玉环足等，它的足部实际上已经相当的矮，这就是中国古代紫、缸胎、兔毫、油滴釉瓷器在形制上最主要的一些特征。另外，中国古代兔毫、油滴釉瓷器从具体的造型上看，不同造型之间存在着相互的融合，如，矮圈足实际上不能够独立的成为一种圈足，它总是要附加在其他的圈足之上共同成器，如宽圈足、窄圈足的造型与之附和的就比较常见，因此说一件器物我们不能只说它是矮圈足，究竟是较宽的矮圈足，还是较窄的矮圈足，要这样区分才有意义，这是中国古代紫、缸胎、兔毫、油滴釉瓷器在形制特征上的一个主要特点；从精致程度上看，不同足部形制的中国古代紫、缸胎、兔毫、油滴釉瓷器与精致程度有一定的关联，如玉璧足和玉环足的中国古代紫、缸胎、兔毫、油滴釉多为精致瓷器。鉴定时应注意分辨。

▲图 5-40　矮圈足油滴釉黑瓷标本　宋代

▲图 5-41　圈足紫釉瓷罐　清代

4、从器形上看，中国古代紫、缸胎、兔毫、油滴釉瓷器不同的足部会选择相应的器物造型（图 5-41），如较宽的矮圈足会选择建窑兔毫及油滴釉的茶盏，而且是较为精致的茶盏，随着精致程度的降低，圈足也会随之增高，同时玉璧足的圈足会变窄。由此可见，从器形上看中国古代紫、缸胎、兔毫、油滴釉瓷器在不同足部造型的选择上，虽然有专属性的一些特征，但也有共性的许多特征，有一些足部造型对于器物造型的选择是一定的，如支足的造型多数会选择如香炉一样的器形，而不会选择像碗、盘等这样的造型，在时代和窑口上特征也是较为相似，没有过于规律性的特征，我们就不再赘述。

5、从功能上看，中国古代紫、缸胎、兔毫、油滴釉瓷器在功能特征上十分明确，主要有两种功能，一是实用功能，二是实用与装饰结合的功能。中国古代紫、缸胎、兔毫、油滴釉瓷器有相当多的器皿仅仅是一种实用器，装饰性的特征并不明显，如普通窄圈足的造型，这种圈足的造型几乎没有什么美感可言，它就是一种普通的实用器，如果说它有美感，就是它是一种很朴实的器皿，有着扑面而来的朴实无华之美，其他再没有什么美可言，这类器皿主要是以实用为主。另外一种情况就是实用与装饰的结合，这样的足部造型有很多是比较常见的，如玉璧足的造型自然就具有装饰的功能，在实用的同时多数装饰在茶盏上，我们在使用茶盏的同时又可以欣赏到如玉璧一样的造型，这样实用和艺术性结合在一起，就使得整个茶盏变得精美绝伦，这样的器皿在中国古代紫、缸胎、兔毫、油滴釉瓷器当中较为多见，但是相对而言中国古代紫、缸胎、兔毫、油滴釉瓷器主要还是以实用的功能为显著特征，这应该与中国古代紫、缸胎、兔毫、油滴釉瓷器主要为人们日常生活当中的实用器有着密切关联。鉴定时应注意分辨。

第六章 价值判断与收藏保养

背景信息：中国古代紫、缸胎、兔毫、油滴釉瓷器历经千年之久，经历了漫长的岁月长河(图6-1)，唐宋、元明清等各个历史时期都有烧造，紫定、紫建、缸胎、兔毫、油滴天目等等，犹如天空中的星辰一样璀璨，星光灿烂，精美绝伦。无疑，中国古代紫、缸胎、兔毫、油滴釉瓷器具有较高的价值，主要体现在三个方面，一是研究价值、二是艺术价值、三是经济价值，这三个方面的价值是相互支撑、互为评判的，如研究价值高的中国古代紫、缸胎、兔毫、油滴釉瓷器经济价值就也高，艺术价值高的中国古代紫、缸胎、兔毫、油滴釉瓷器经济价值自然也高，而当研究和艺术价值兼具的中国古代紫、缸胎、兔毫、油滴釉瓷器在经济价值上自然就更高。下面我们来具体看一看。

▲图 6-1　精美绝伦的缸胎执壶　唐代

鉴定要点：

研究价值

中国古代紫、缸胎、兔毫、油滴釉瓷器无疑具有较高的研究价值，其身上蕴含着不同历史时期大量的历史信息（图 6-2），我们通过将这些历史信息层层剥离，就能够了解那个时代的点点滴滴，从而窥视到已经远离的那个时代，从而复原人类历史，特别是对于复原当时的政治、经济、文化都具有不可替代的作用，它意味着我们的文明不是在原点起步，而是站在前人的研究成果之上继续前行，是一个传承和延续的过程，如紫釉瓷器中的紫建、紫定，包括后来明清时期的茄皮紫釉，在釉色上都达到了相当高的水平，尝试了各种紫釉色彩的效果，这对于当今社会无疑具有重要的研究价值。另外，兔毫、油滴釉瓷器通过窑变将黑釉衍生成使人震撼、犹如兔子毫毛一般射线状和油滴状的自然纹理，美不胜收，具有较高的艺术价值，观之犹如幻境，对于陶冶情操、净化人们的心灵都有着不可替代的作用。同时，兔毫、油滴釉瓷器也反映了当时宋代斗茶之风的兴盛。对于中国古代紫、缸胎、兔毫、油滴釉瓷器釉质、胎质、造型等诸多方面的研究，最直接的用处就是会衍生出诸多的鉴定依据，从而帮助人们对于留存到今天的中国古代紫、缸胎、兔毫、油滴釉瓷器进行断定时代、辨别真伪、评判价值，成为科学鉴定的依据。从数量上看，中国古代紫、缸胎、兔毫、油滴釉瓷器留存到今天的数量特别大，一件器物可能说明不了什么问题，但是成千上万的中国古代紫、缸胎、兔毫、油滴釉瓷器的遗存，必将对于当今社会具有重要的研究价值和启示。总之，中国古代紫、缸胎、兔毫、油滴釉瓷器对于历史学、考古、文物学、人类学、博物馆学、材料学等诸多学科都具有重要的影响。

▲图 6-2　有一定研究价值的紫釉瓷罐　清代

艺术价值

中国古代紫、缸胎、兔毫、油滴釉瓷器在艺术价值上的成就举世公认，它的艺术价值不仅体现在它的惊世之美和举世无双上，而且还体现在它与人文历史的紧密结合上，下面我们具体来看一下：

1、造型。中国古代紫、缸胎、兔毫、油滴釉瓷器在艺术上的成就首先体现在它的造型上。中国古代紫、缸胎、兔毫、油滴釉瓷器总体来看讲究的是简洁、朴素之美，不见过于繁复的造型，更不见矫揉造作的造型，它的造型都是实用和装饰的集合体，是最贴近人们生活的器具，如最著名的建窑兔毫釉茶盏，最为精致的茶盏实际上和普通的茶盏在造型上区别并不大，只是腹部呈现出 45 度角的程度比较标准，而且当它延伸到口沿处的时候，口沿有一个向外撇的过程，中国古代紫、缸胎、兔毫、油滴釉瓷器就是要用这一点昭显其与众不同（图 6–3）；缸胎的执壶实际上与白瓷、青瓷的执壶没有什么两样，在造型上基本一致，但是缸胎瓷器所追求的是一种缸胎的效果，就是素胎烧造给人以一种异样的感觉，这实际上也是一种造型的艺术。总之，中国古代紫、缸胎、兔毫、油滴釉瓷器在造型上要体现的美，不是靠造型上的繁复，而主要是依靠简洁明快的造型给人们的引导，也就是与实用的功能所形成的映照之美。由此我们可以看到，中国古代紫、缸胎、兔毫、油滴釉瓷器在造型上的高超技艺水平，与中国古代紫、缸胎、兔毫、油滴釉瓷器主要作为人们日常生活当中的实用器皿有关，因为实用器皿在保证造型的前提下最

▲图 6–3　精美绝伦的兔毫釉盏　宋代

主要还是维持生存。中国古代紫、缸胎、兔毫、油滴釉瓷器在造型没有大的改变的情况下体现了艺术之美，这一点在中国古代紫、缸胎、兔毫、油滴釉瓷器之上显然是成功的。鉴定时应注意分辨。

2、釉质。中国古代紫、缸胎、兔毫、油滴釉瓷器除了缸胎以外主要是以釉质取胜，这一点是毫无疑问的。紫釉瓷器，无论是紫定、紫建还是景德镇窑的茄皮紫釉，在釉色上都达到了极致，釉质纯净典雅，很少见到有杂质和釉质不均的情况，基本上达到了紫釉色彩烧造的顶峰，成就极高；兔毫、油滴釉瓷器更是这样，在色彩上追求窑变的效果，烧制出了精美绝伦的结晶釉瓷器（图6-4），以赤铁矿和磁铁矿的形式从中吸出晶体，从而形成条状的兔毫斑和圆形的油滴斑，烧造成功了著名的油滴天目和兔毫釉瓷器，而兔毫及油滴釉的烧造成功，使黑釉瓷器的烧造达到了巅峰状态，给人以强烈的视觉冲击力，震撼人心。可以说兔毫、油滴釉瓷器在釉质上的艺术成就令人叹为观止，历代无超越者。从当时的艺术价值来看，这些兔毫、

▲图 6-4　油滴釉黑瓷标本　宋代

油滴釉瓷器、紫釉瓷器以及最为精致茶盏都是用来斗茶的。兔毫及油滴釉在艺术上的成就主要体现于这种釉质的形成与当时的饮茶风尚有着密切的关联，因为宋人将饮茶看作是非常高雅的一种享受，不仅讲究茶香而且还讲究茶具的美观程度。“上至君王，下至平民百姓”都乐于此道，如宋徽宗赵佶就非常喜欢斗茶，并著有专注《大观茶论》。由此可见，茶具在斗茶之中的重要作用，中国古代紫、缸胎、兔毫、油滴釉瓷器在釉质上的艺术成就不仅是它追求自身，而且与饮茶风尚相连，在这种背景下烧造出了亦真亦幻的兔毫及油滴釉茶具，以调动人们的视觉、味觉，并以此来点缀人们的生活。所以说中国古代紫、缸胎、兔毫、油滴釉瓷器在釉质上的艺术成就在当时可以说是非常高，为当时的每一个看到它的人所喜爱，直到今天仍然是这样。

经济价值

中国古代紫、缸胎、兔毫、油滴釉瓷器本身并不存在经济价值（图 6-5），它的经济价值主要是来源于它的研究价值和艺术价值，或者是研究和艺术价值的叠加，它们之间的关系是相辅相成的，多数是研究价值和艺术价值叠加之后的经济价值，因为很少发现一件中国古代紫、缸胎、兔毫、油滴釉瓷器只具有研究价值而没有艺术价值，或者只具有艺术价值而没有研究价值，因此说研究和艺术价值都高的瓷器它的经济价值必然更高；但是在现实生活当中，特别是在今天我们这样一个商品社会里，除了正常的价值规律以外，其价值还要受到诸多因素的影响，如人们的观念、市场经济规律等等，我们来具体看一下：

▲图 6-5　有一定经济价值紫釉瓷器标本　清代

1、品相。品相对于中国古代紫、缸胎、兔毫、油滴釉瓷器经济价值的影响非常显著，有的瓷器研究和艺术价值都很高，就是因为瓷器有口磕、足磕等品相问题，从而使得经济价值遭受到了巨大损失。过去在我们古玩行内有一句老话叫“瓷器发毛分文不值”，当然这句话在当今社会可能有些过时，或者是有些夸张，不过人们追求完美的心亘古不变，从古到今都是这样，一旦瓷器有了品相问题，那么它要面对的可能就是一种有价无市的状态，所以对于瓷器而言品相非常重要。鉴定时应注意分辨。

2、稀缺性。“物以稀为贵”，这是商品经济价值规律的基本原则，在中国古代紫、缸胎、兔毫、油滴釉瓷器上这一杠杆仍然发挥着重要的作用，一般情况下我们见到的中国古代紫、缸胎、兔毫、油滴釉瓷器在艺术和研究价值上都比较高，但是由于这种瓷器数量比较多，它的经济价值可能也会受到一定的影响；而反过来，有些瓷器的艺术和研究价值均一般，但是它的数量非常少，显然这样的瓷器它的价值或许会超过有些研究和艺术价值俱佳的瓷器，而且这种情况非常普遍。另外，我们在鉴定当中还要注意一些问题，就是有的瓷器数量过于少（图 6–6），在历史上是否存在还存在争议，这样的器皿我们在收藏鉴定时一定要注意辨别真伪，如紫定从发掘器物当中很少见到，只是文献当中对它的描述比较多，像紫釉器物古玩市场上的伪器近些年大量涌现，我们在购买时一定要注意分辨。

▲图 6–6　兔毫釉瓷器标本　元代

▲图 6-7　精致洁白胎茄皮紫釉瓷器标本　清代

3、精致程度。中国古代紫、缸胎、兔毫、油滴釉瓷器从精致程度上看主要可以划分为精致、普通、粗糙三个等级，对于紫釉瓷器而言这三个等级的区分不是很明显，主要是精致和普通瓷器之间有一些区别，精致瓷器如紫定、紫建、茄皮紫釉等数量非常少，而且是异常的精致。还有一种就是同时期仿烧的，或是后仿器，这些瓷器多数被划入到普通甚至粗糙的瓷器之列。缸胎的瓷器在精致程度上多数比较好，所谓缸胎就是素胎烧造，实际上它是一种取意的需要，而并不是为了节省釉料，所以才以缸胎来担当装饰的功能，因此一般缸胎的瓷器在精致程度上都比较高，少量的一些为了节省成本的瓷器除外。这些瓷器也很容易辨别，多数是粗糙的瓷器，连普通的水平也达不到。兔毫及油滴釉瓷器在精致程度上比较标准，可以分为精致、普通、粗糙三个等级，但是在数量上区别较大，精致的兔毫及油滴釉瓷器在数量上非常少，如宋徽宗在《大观茶论》中所提到的兔毫盏，精致者非常少，但是普通的瓷器数量最多，从建窑发掘的情况我们可以看到，大量的都是一些普通的、民用的兔毫、油滴釉瓷器，当然粗糙的也有见，这三个等级它的经济价值是不一致的，但精致的瓷器数量也很少，符合了研究和艺术价值俱佳以及稀缺性的特点，它的经济价值自然会高（图 6-7），一般拍出的都是天价，然而对普通和粗糙的瓷器，在经济价值上多数偏低，但也有保值和升值的功能，不过目前市场上的这类瓷器一般的收藏者很难辨识，在收藏时虽然价格很低，但也要谨慎收藏。

4、残件。中国古代紫、缸胎、兔毫、油滴釉瓷器在漫长的历史长河中经历了太多的坎坷，所以说保留到今天的中国古代紫、缸胎、兔毫、油滴釉瓷器多数都是一些残件，只是残缺的程度不同，有的是破碎，有的可以恢复原有的造型，有的仅仅只剩下了一个片状的残体，那么这些器皿究竟还有没有经济价值？这是很多读者都不禁要问的一个问题，回答是肯定的，当然有，因为客观上它们的研究和艺术价值还存在，所以说它们应该具有经济价值。近年来有一些拍卖行已经将这些瓷器推到了前台，拍卖的瓷器多是经过修复的残器，但有的修复器皿看起来与完好无损的器皿并没有任何的区别，而实际上它是一件残缺的器皿，即使这样的瓷器也很有收藏价值。由此可见，人们对于瓷器既是钟爱的，同时要求又是苛刻的，这一点在鉴定时要注意分辨。当然，一些残缺比较严重的中国古代紫、缸胎、兔毫、油滴釉瓷器，由于数量比较多，导致了瓷器保值与升值的功能有限（图 6-8），这一点我们在鉴定时应注意分辨。

▲图 6-8　残缺紫釉瓷盒　明代

收藏保养

当您收藏到一件满意的中国古代紫、缸胎、兔毫、油滴釉瓷器之后，那么保养也就成了最令人头痛的问题。原因很简单，历经千年岁月之久的中国古代紫、缸胎、兔毫、油滴釉瓷器具有今日能够呈现在我们面前，虽然有的看起来完好无损，但实际上已经是非常脆弱，很容易受到伤害，虽然中国古代紫、缸胎、兔毫、油滴釉瓷器烧造温度比较高、硬度大、不吸水等特点，但它最致命的特点是易碎，一旦受到外力的作用就会磕碰或者碎掉，在现实生活中这样的事情时有发生，令很多收藏者懊悔不已，在精神上都受到了很大的打击，有的时候一件价值连城的瓷器立刻就变成了标本（图 6-9），不再具有收藏价值，所以对于保养而言，我们要掌握一些最基本的知识。

▲图 6-9　残缺兔毫釉黑瓷标本　宋代

1、防止磕碰。防止磕碰是中国古代紫、缸胎、兔毫、油滴釉瓷器保养最重要的一个环节，也是最简单的，因为很多收藏爱好者认为这是自己私人的藏品，所以说是想拿就拿，随心所欲，实际上这是一种非常危险的举动，因为文物在移动的过程当中一旦疏忽，就会从手中脱落，造成足磕或者是口磕等一些伤痕。因此一般的情况下对于文物而言，我们在没有预案的情况先不要动它，如在博物馆库房中有很多瓷器一年、两年，甚至十年都不曾动过的情况很多。我们在博物馆中提取一件瓷器进行研究，要经历很多道手续，事先做好方案，所以我们私人收藏的残品从严格意义上说也要做到这一点，在没有预案的情况下，不要去移动它，而且在把玩的时候要轻拿轻放，切勿马虎，还要在桌面上放上可以防滑的棉垫，以防止器物滑落。收藏保养时应注意。

2、注意清洗。通常人们对于收藏到的中国古代紫、缸胎、兔毫、油滴釉瓷器由于时代比较久远，而且有很多器物是出自墓葬或者是遗址当中，有土蚀的情况也很多，一般情况下都要进行清洗；但是清洗是一个复杂而科学的过程，非常复杂，不同的器物如何清洗，在文物清洗当中都要有预案，通常情况下应拿到专业机构进行清洗。如果是一般性的文物，确认无开裂、釉面没有问题的情况下，也可以自己清洗，但要放在无菌的纯净水中清洗，以免古瓷器的釉面受到伤害。再者，清洗完毕之后还要用酒精擦拭干净，不要用抹布进行擦拭。在剔除土蚀时，如果没有溶解掉的土蚀，可以用牛角刀试探性地去剔除，如果不能剔除，不要进行机械操作，以免伤到瓷器的釉面，要拿到专业的机构去进行清洗。收藏保养时应注意。

3、擦拭浮尘。中国古代紫、缸胎、兔毫、油滴釉瓷器在保存的过程当中很多人喜欢把它们放置在厅堂上，这样的话瓷器上面就会有很多的灰尘。清洗的时候一般情况下不要用抹布或放入水中清洗，用鸡毛掸子掸一下就可以了；但是用鸡毛掸子弹瓷器的釉面也是一个非常专业的工作，熟能生巧，应由专人来进行擦拭工作。另外，在擦拭的时候不要用手直接抠瓷器的釉面，以免伤及瓷器釉面。收藏保养时应注意。

▲图 6-10　洁白胎茄皮紫釉瓷器标本　清代

4、相对温度。中国古代紫、缸胎、兔毫、油滴釉瓷器对于保存上温度的要求不是很高，一般是不高于 45 度（图 6-10），最高不要超出 55 度即可，因为一旦温度过高，如果瓷器原先修复过，有一些胶水，比如说热熔条等就会融化，会给藏品带来危险。

5、相对湿度。中国古代紫、缸胎、兔毫、油滴釉瓷器在保存环境当中的相对湿度应控制在 50% 左右，这个湿度经长时间的试验，应该是中性的，当然根据不同的器物造型高一点、低一点都可以，但是如果相对湿度过大，显然会对瓷器造成伤害，特别是对胎体曾经受过伤的瓷器，如果水流入体内，就会产生巨大的张力，会使本不该开裂的瓷器开裂，甚至是支离破碎，所以说相对湿度一定要控制在合理可控的范畴之内。

关于中国古代紫、缸胎、兔毫、油滴釉瓷器的收藏保养的知识还有很多，但是我们在这里所讨论的都是一些很基础的知识，所针对的对象是毫无收藏经验的收藏者，要让这些收藏者过收藏后的第一关。因此过于复杂难懂、还处于研究阶段的收藏保养知识，我们在这里暂不赘述。总之，能使这些精美绝伦的中国古代紫、缸胎、兔毫、油滴釉瓷器历久尤新（图 6-11），是我们共同的心愿。

▲图 6-11　紫釉双系瓷罐　清代

主要参考文献：

1. 山东省文物考古研究所《山东省阳谷县马庙元明墓地发掘简报》,《华夏考古》1998年第3期。

2. 宋.蔡襄《茶录》。

3. 北宋.范仲淹《斗茶歌》。

4. 北宋.宋徽宗《大观茶论》。

5. 青阳县文物管理所黄忠学《安徽青阳县发现一座南唐砖室墓》，《考古》，1999年第6期。

6. 奉先寺遗址发掘工作队《洛阳龙门奉先寺遗址发掘简报》，《中原文物》，2001年第2期。

7. 山西省考古研究所《山西浑源县界庄唐代瓷窑》，《考古》，2002年第4期。